무지개 타고
통찰의 나라로

무지개 타고
통찰의 나라로

ⓒ 오봉학, 2026

초판 1쇄 발행 2026년 4월 20일

지은이   오봉학
펴낸이   이기봉
편집   좋은땅 편집팀
펴낸곳   도서출판 좋은땅
주소   서울특별시 마포구 양화로12길 26 지월드빌딩 (서교동 395-7)
전화   02)374-8616~7
팩스   02)374-8614
이메일   gworldbook@naver.com
홈페이지   www.g-world.co.kr

ISBN   979-11-388-5897-7 (03100)

무지개 타고
통찰의 나라로

오봉학 지음

왜 우리는 우화를 통해 통찰을 배워야 하는가?

이 책은 우화를 통해 정답을 가르치기보다 질문을 따라가는 것을 목표로 한다.

"당신이라면 이 상황에서 어떻게 하겠습니까?"라는 질문에

답을 찾는 과정을 통해 통찰에 이르게 한다.

좋은땅

왜 우리는 우화를 통해 통찰을 배워야 하는가?

사람은 설명으로 설득당하지 않으려 하고, 잘 변하지 않는다. 누군가 "이것이 옳다", "저것이 그르다"라고 말해 줄 때, 이해는 할지언정 깊이 받아들이지는 않는다.

하지만 이야기는 우리 마음에 오래 머물면서 마음을 움직인다. 그 움직임을 통해 통찰이 나오고 삶이 바뀐다. 통찰은 정보가 아니라 '자기 체험'을 거쳐서 깨달아야 하기 때문이다.

이 책이 긴 설명 대신 짧은 우화를 택한 이유가 여기에 있다.

이 이야기들은 고대 중국의 고전에서, 인도의 경전에서, 서양의 우화에서, 그리고 조상의 삶 한복판에서 우리를 찾아왔다.

'쇠똥에서 금이 나오는 신기한 소'를 욕심내다 나라를 빼앗기는 촉왕, 화장실을 이용해 다급한 사람에게 돈을 벌려는 양반댁 아낙, 원님과의 지혜 싸움에서 이겨 남편을 구하는 여인, 아이들과 노인들을 동원하여 아버지와 나라를 위기에서 구하는 어린 아들. 창호를 뚫고 손을 쑥 집어넣는 항복…….

이 장면들 속에서 독자는 판단자가 아니라 등장인물이 된다. 그리고

‘이 이야기가 바로 나의 이야기구나’ 하고 깨닫게 되는 그 순간 통찰이 시작된다.

이 책에서는 통찰에 이르는 과정을 무지개의 일곱 색으로 나누어

빨강(본능, 감정) → 주황(태도) → 노랑(관찰, 사고) → 초록(성장) → 파랑(공정) → 남색(책임) → 보라(성찰)로 이어지는 학생 사고 변화의 단계로 상정해 보았다.

빨강에서 자기 욕심을 바라보고

주황에서 문제를 바라보는 태도를 바꾸며

노랑에서 생각하는 힘을 기르고

초록에서 성장의 바른 조건을 이해한다.

파랑과 남색을 거치며 함께 사는 사회의 기준을 배우고

보라에서 자기 생각을 다시 돌아보는 힘에 이르게 한다.

무지개가 일곱 색으로 보이지만 원래 하나의 빛이듯이 이 책의 이야기도 일곱 색으로 나누어 놓았지만 결국 하나로 모인다.

이 책은 우화를 통해 정답을 가르치기보다 질문을 따라가는 것을 목표로 한다. 각 이야기는 교훈을 직접 말하지 않았다. 대신 아이들이 스스로 "왜?"라고 묻고 대답하고 생각하게 구성되어 있다.

"당신이라면 이 상황에서 어떻게 하겠습니까?"라는 질문에 답을 찾는 과정을 통해 통찰에 이르게 한다.

이 책은 ‘깨달은 사람’들을 위한 책이 아니다.

‘깨닫고 싶은 사람’을, ‘깨달음을 향해 가는 사람’을 위한 책이다.

당신이 무엇을 더 많이 알게 되기를 바라지 않는다. 다만 말 한마디를 하기 전에, 누군가를 탓하기 전에, 그리고 판단을 내리기 전에 자신의 삶을 한 번 더 생각하는 사람이 되기를 바란다.

그것이면 충분하다.

빛이 하나의 색만으로 완전할 수 없듯이 분노나 욕망, 말, 관계, 선택, 내려놓음, 그리고 지혜의 어느 하나만으로는 올바른 삶을 살아가기 어렵다. 서로 균형과 조화를 이룰 때 아름답다.

무지개가 하늘에만 있는 게 아니다. 생각하는 사람의 마음에도 있다.
그리고 그 빛은 오늘보다 내일을 더 따뜻하게 비춘다.

차례

머리말   4

1단원 | 빨강: 욕심을 마주하다
— 감정의 출발점, 인간의 약점 인식

여기가 로도스다   15

집착에 빠진 사람   18

이천 냥짜리 화장실 — 남의 급함 위에 세운 이익의 값   22

'나 하나쯤이야'가 만든 맛   26

설산의 한고조 — '내일 하겠다는 말이 오늘을 얼게 만든다'   29

몸이 먼저 움직인 통찰   32

연못의 붕어 두 마리   35

소와 사자의 사랑 이야기   38

이발 기술 전수   42

한니발 장군의 초상화 그리기   45

개가 사나우면 술이 시어진다 — 구맹주산(狗猛酒酸)   48

돌에 박힌 화살촉 — 중석몰촉(中石沒鏃)   51

빨강 단원 마무리   55

2단원 | 주황: 태도를 바꾸다
— 문제 앞에서 포기하지 않는 자세

장대 들고 성문 들어가기   59

도끼를 잃어버린 날   62

아프리카 원주민의 원숭이를 잡는 방법

— 욕심은 가장 소중한 걸 잃게 할 수 있다　　65

광에 들어간 여우　　69

소탐대실 — 황금을 좇다 나라를 잃다　　73

우유 통에 빠진 개구리 세 마리 — 같은 위기, 다른 선택　　76

닭 도둑의 이론 — 조금씩 고치겠다는 말의 정체　　80

손에 익으면, 특별해 보일 뿐이다 —　숙능생교(熟能生巧)　　83

볶은 참깨를 심은 사람 — 과정을 태우면, 싹도 함께 사라진다　　86

사형을 면한 예언자의 한마디 — 질문을 바꾸면, 운명도 흔들린다　　89

이 팔은 누구의 팔입니까?

— 창호를 뚫은 것은 팔이 아니라, 생각이었다　　92

냄새 맡은 값에 소릿값

— 억지는 설명으로 깨지지 않고, 멈춰 보게 하면 깨진다　　95

주황 단원 마무리　　98

3단원 | 노랑: 관찰하고 생각하다
— 감각 → 단서 → 논리

공부하기 제일 좋은 나이는 언제일까? — 촛불이라도 켜는 사람　　103

아이와의 약속 — 말은 가르침이 되고, 행동은 기준이 된다　　106

목숨보다 소중한 돈　　110

소금만 먹은 사람　　113

사탕수수에 사탕수수즙을 부은 사람　　117

제 눈의 눈썹은 보지 못한다 — 목불견첩(目不見睫)　　120

남을 심판하지 마라　　123

개 밥그릇에 욕심이 — 개보다 값진 그릇　　126

가짜 아인슈타인의 재치 — 그 질문은 운전사가 답하겠습니다　　129

태양은 언제 지구에 더 가까울까?　　132

사자 가죽을 쓴 당나귀 이야기 … 135

양초 한 개로 방을 가득 채운 아들 — 지혜는 밝히는 것이다 … 138

노랑 단원 마무리 … 141

4단원 | 초록: 자라나고 배우다
— 시간, 노력, 훈련의 가치
— 노동 → 결실 → 자립을 통해 노력의 의미 체득

나라에 도둑을 없앨 방법은 … 145

발의 치수에 얽매이다 — 정인매리(鄭人買履) … 148

모순 — 말이 서로 부딪힐 때, 생각은 멈춘다 … 151

가장 소중한 것 … 154

소젖을 모아 두려 한 사람 … 158

지혜로운 머슴과 게으른 머슴 … 162

싹이 자라는 것을 억지로 도와준 농부 — 조장 … 165

코는 크게 하고, 눈은 작게 … 168

장님의 등불 … 171

하늘나라 밭 구경 — 어려운 상황을 이겨 나가는 재치 … 174

손 트는 데 바르는 약의 사용법 … 178

내가 먹지 못해도 나무를 심는다 … 181

초록 단원 마무리 … 184

5단원 | 파랑: 공정함을 배우다
— 개인 → 사회 → 제도적 판단

오십보백보 … 189

혀, 가장 좋은 것과 가장 나쁜 것 — 말은 어디에서 칼이 되는가? … 192

거울을 처음 본 가족 — 보이는 것이 전부는 아니다 … 195

공중누각 — 결과만 원하면 과정은 사라진다 … 198

역지사지 — 자리를 바꾸면, 길이 보인다　201

나뭇잎 하나로 눈을 가리고 — 일엽장목(一葉障目)　204

백정 포정의 소를 잡는 법　208

우물 속 달을 건지려 한 원숭이들　212

의사가 공주에게 약을 주어 갑자기 자라게 한 이야기　216

작은 문(門)과 큰 말(馬)　220

원님과 이방 부인의 지혜 겨룸　224

누가 예쁜 사람인가　228

파랑 단원 마무리　231

6단원 | 남색: 책임을 생각하다
— 위에 있는 자의 책임

가시 끝에 원숭이 조각하기　237

하지 않는 것과 할 수 없는 것 — 불위(不爲)와 불능(不能)　241

게으른 아들에게 남긴 진짜 유산　244

쌀가마니 안에 있는 쌀알 세기 — 다 세지 않아도 알 수 있어요　247

추위를 이용해서 모래성을 쌓다　251

누가 가장 뛰어난 의원인가?　254

촉추를 살린 안영의 말　257

재판하는 아이 — 힘 대신 기준을 세우다　261

글은 외웠으나 뜻은 잃은 서당 훈장　264

경마를 이긴 손빈의 지혜　268

쌀 한 말로 석 달 살기　271

호랑이보다 무서운 말　274

남색 단원 마무리　277

7단원 | 보라: 나를 돌아보다
― 자기 확신을 의심하다

보물을 하늘에 쌓아라 281

기우(杞憂) ― 하늘이 무너질까 불안한 사람 284

두 아들의 비유 287

매미와 사마귀 그리고 까치 290

장님이 코끼리를 만진다(맹인모상) ― 왜 우리는 서로 옳다고 싸우는가 294

화룡점정 298

소매가 길어야 춤 선이 곱다 ― 장수선무 다전선고(長袖善舞 多錢善賈) 302

물의 형태는 그릇을 따른다 305

정순왕후의 지혜 ― 지혜는 드러내지 않아도 드러난다 309

떠내려온 봉우리의 주인은 누구인가 ― 침묵을 깨운 한마디의 힘 313

마음을 바꾸자, 운명이 바뀌다 ― 뜻이 얼굴과 운명을 만든다는 이야기 317

"나는 누구인가?" 내가 나비의 꿈을 꾸는가, 나비가 나의
꿈을 꾸는가 ― 장자의 가장 조용한 질문 320

보라 단원 마무리 324

책 전체를 닫는 글 327

빨강: 욕심을 마주하다

감정의 출발점, 인간의 약점 인식

욕심은 눈앞의 이익 때문에 가장 중요한 것을 잃게 한다. 손을 놓을 줄 알 때, 비로소 지킬 수 있는 것이 보인다.

■ 단원 서문

사람의 마음은 눈앞에 탐나는 것을 움켜쥐고 싶어 하고, 당장 얻을 수 있는 것에 마음이 흔들린다.

이 단원에 나오는 이야기들은 '조금만 더'라는 욕심에서 문제가 시작된다. 하지만 '정말 그게 나를 살리는 올바른 선택이었을까?'

■ 단원 결론

욕심이 나쁜 것이 아니라 방향을 잘못 잡고 조절하지 못할 때 문제가 심각해진다. 어울리면 함께 잘 살 수 있었을 연못에서 싸우다 결국 모두 죽음을 맞는 붕어들, 금에 대한 욕망에 빠져 시장에서 금을 훔치다 잡히는 사나이……. 우리는 때로 비워야 나를 지킬 수 있다는 사실을 배운다. 통찰은 여기서 시작된다.

나는 지금 무엇을 움켜쥐고 있는가? 내가 지금 내려놓아야 할 것은 무엇인가?

여기가 로도스다

사람들이 많이 모여 있는 광장 한편에서 젊은 육상선수 하나가 큰 소리로 말했다.

"로도스섬에서 말입니다, 나는 그곳 바람을 타고, 올림픽 선수들 못지않게 멀리 뛸 수 있었지요. 다들 제 기록을 들으면 깜짝 놀랄 겁니다."

사람들이 감탄하자, 그는 신이 나서 목소리를 더 높였다.

"증인도 많습니다. 그 섬에선 다들 제가 뛰는 걸 봤죠."

그때 흰 수염의 노인이 한 걸음 앞으로 나서며 주변을 천천히 둘러보더니 그 선수를 향하여 말했다.

"정말 흥미로운 이야기군. 그렇다면 여기가 로도스라 치고, 지금 여기서 한번 뛰어 보게." 순간 광장이 조용해졌다.

선수는 쓴웃음을 지으며 입꼬리를 내렸다.

"아, 오늘은 제가 몸 상태가 좀 안 좋네요. 모래도 다르고, 바람도 다르고……."

그러자 노인이 고개를 끄덕이며 말했다.

"그렇지. 말은 언제나 쉽게 할 수 있지."

선수는 사람들의 시선을 피해 뒤로 물러나서는 군중 속으로 슬며시 사라졌다.

노인은 남은 이들에게 말했다.

"로도스는 멀리 있지 않네. 증명은 기억에서가 아니라, 발밑에서 시작하지."

노인의 말을 듣고 모두 각자 서 있는 자리를 내려다보았다.

이솝우화

길라잡이

1. 노인은 왜 육상선수에게 '지금, 여기서'를 제안했을까?

2. 말로는 할 수 있지만 행동으로 옮기지 못하는 경우가 왜 생길까?

3. '준비가 더 필요하다는 말'과, '실천을 미루는 핑계'는 어떤 차이가 있고, 또 어떻게 구분할 수 있을까?

4. 내가 세우는 계획표 속에 나는 어떤 '로도스'가 자주 등장하나?

디딤돌

1. 내가 자주 하는 로도스에 해당하는 말을 찾아보자.

(예: '나중에 정리할게', '상황이 되면 할게')

2. 그 말을 지금 내가 여기서 실천할 작은 행동으로 적어 보자.

(예: 방 정리하기, 30분간 독서하기)

3. 행동 계획을 세우고 실제로 실행했는지 점검해 보자.

4. 계획을 실천한 후 생각이나 느낌을 한 줄로 기록해 보자.

말 → 몸 → 경험을 통해 통찰로 이동시키기

※ 이 우화는 생각이나 규칙, 해석 이전에 '지금 이 자리에서의 실천'을 요구한다. 말은 행동이 뒤따라야, 비로소 방향과 의미를 찾을 수 있다. 이제 '어떻게 살 것인가'를 생각해 보자. '지금 바로 여기'가 로도스다. 실천이 일의 출발점이고 이 책의 시작이다.

빨강의 통찰은 '생각의 완성'이 아니라 '행동의 시작'이다.

통찰 긴 여운

* 말로는 어디든 쉽게 갈 수 있지만, 삶은 결국 지금 서 있는 자리에서 시작된다.

* 내가 '언젠가'를 말하는 순간, '나의 지금'은 사라진다. 삶은 설명이 아니라, 발을 내딛는 실천으로 시작된다.

이런 사람들 있다.

내가 왕년에 이런 사람이었다.

내가 왕년에 왕년에 이런 사람이었다.

내가 왕년에 왕년에 왕년에 이런 사람이었다.

집착에 빠진 사람

옛날 제나라에 금에 눈이 먼 사람이 있었다. 어느 이른 아침, 그는 옷을 잘 차려입고 아무 일도 없는 사람처럼 시장으로 걸어가며 속으로 말했다. '아무렇지 않게 그냥 지나가는 사람처럼…….'

시장 한복판에는 금붙이를 파는 가게가 있었다. 주변이 온통 사람들로 북적였지만, 그의 눈에는 오직 반짝이는 금만 보였다.

'저 금만 있으면 돼.'

그는 잠시 서서 주변을 둘러보는 척하더니 느닷없이 금을 움켜쥐고 달아났다. "도둑이야!"

사람들이 소리쳤고 그는 곧 관리들에게 붙잡혔다.

관리가 노려보며 물었다.

"사람들이 이렇게 많은데도 어찌 감히 금을 훔쳤느냐?"

그는 고개를 들고 천연덕스럽게 대답했다.

"금을 잡을 때에는 사람이 보이지 않았습니다."

관리가 다시 물었다. "그럼, 무엇이 보였느냐?"

그가 말했다. "금만 보였습니다."

주변이 조용해졌다. 관리들은 서로를 바라보았다.

한 관리가 한숨을 쉬며 말했다.

"눈은 뜨고 있지만 마음은 이미 가려졌구나."

그는 고개를 떨구었다. 그제야 주변의 소리가 들리고 사람들의 시선이 눈에 들어왔다. 사람들은 이 일을 두고 말했다.

"욕심에 사로잡히면 눈앞의 것만 보이고, 그로 인해 세상과 자신을 모두 잃게 된다고."

여씨춘추

길라잡이

1. '금을 잡을 때에는 사람이 보이지 않았다'라는 말은 무슨 뜻일까?

2. 이 사람은 눈이 멀었던 걸까? 아니면 마음이 멀었던 걸까?

3. 욕망은 언제 죄가 되고, 언제 삶의 활력이 될까?

4. 성적, 돈, 인정, 성공 앞에서 우리는 무엇을 보지 못한 채 달려가고 있나?

디딤돌

1. 나에게 있어 '금'은 무엇인가?

내가 너무 집착해서 다른 것이 보이지 않았던 것은 (　　　　　)이다.

2. 멈춤 질문

욕망이 커질 때 욕망을 조절하기 위한 첫걸음으로 다음 질문에 답을 써 보자.

나를 사랑하는 사람은 누구인가?

1)

2)

3)

내가 사랑하는 사람은 누구인가?

1)

2)

3)

※ 이 우화는 욕망이 이성을 가리고 통제되지 않을 때, 어떤 일이 벌어지고 어떤 파국이 오는지를 단순하고 강하게 보여 준다. 그는 정말로 사람들을 보지 못했을까? 아니다. 눈은 열려 있었다. 다만 마음이 이미 금에 붙들려 있었을 뿐이다. 안타깝게도 붙잡힌 뒤에야 그는 알았다. 시장과 사람들도 그대로 있었고, 달라진 것은 오직 자기 마음뿐이었다는 것을.

이후 이야기들은 모두 이 질문으로 이동한다. 행동이 곧바로 튀어나올 때, 그 행동을 이끄는 마음은 어떤 상태인가? 우리는 어떻게 욕망과 함께 살아야 하는가?

빨강의 통찰은 욕망을 없애는 것이 아니라, 폭주를 멈추는 데 있다.

(통찰 긴 여운)

* 사람들은 보지 못해서가 아니라, 하나만 보느라 나머지를 버릴 때 모든 것을 잃는다.

* 욕망이 눈을 가리면 세상은 사라지고 집착만 남는다. 지금 너무 간절한 그
  것 때문에 내가 놓치고 있는 것은 무엇인가?

이천 냥짜리 화장실

남의 급함 위에 세운 이익의 값

옛날 서울에 방학중이라는 선비가 있었다. 하루는 길을 가는데 갑자기 배꼽 아래가 뒤집히듯 아팠다. 급하게 근처에 있는 한 양반집 대문을 두드렸다.

"매우 급해서 그러우. 잠시 화장실 좀 빌려주시오."

안주인은 문틈으로 그를 훑어보더니 코웃음을 쳤다.

"잡인을 집 안에 들일 수는 없소."

방학중은 식은땀을 닦으며 말했다. "천 냥을 드리리다."

"필요 없소."

"그렇다면 이천 냥을 드리리다."

그제야 안주인의 눈빛이 달라졌다. 문이 열렸고, 방학중은 화장실로 달려 들어갔다. 시원하게 볼 일을 마치고 나자 세상 편안해진 방학중은 '이천 냥이라니, 화장실 값치곤 너무 비싸군' 하고 생각하며 양반댁 안주인에게 되갚음을 해 줄 궁리를 했다. 시간이 한참 지난 후 방학중은 하인을 불러 말했다.

"이천 냥을 냈으니, 그만큼 사용하겠다고 전하시오."

그 말을 전해 들은 안주인은 깜짝 놀라 화장실로 달려왔다.

"천 냥을 돌려줄 테니 어서 나오시오."

방학중은 콧방귀를 뀔 뿐 움직이지 않았다. 시간이 흘러 남편이 퇴청할 시간이 다가오자, 다급해진 안주인이 다시 외쳤다.

"이천 냥을 다 돌려주겠소!"

방학중이 여전히 미동도 없자, 안주인은 이를 악물고 사정하며 말했다.

"삼천 냥을 드리겠소. 제발 나오시오."

삼천 냥을 받아 든 방학중은 유유히 문을 열고 나왔다.

"급한 사람의 발밑에서 값을 매기면, 그 값은 반드시 되돌아오게 되어 있소."

욕심으로 문을 열면, 그 문은 돈으로 닫히지 않는다.

한국구비문학대계

길라잡이

1. 왜 화장실을 빌리려는 돈의 액수가 점점 올라갔을까?

2. 방학중의 행동은 복수일까, 가르침일까?

3. 급한 상황에서 사람은 왜 불리한 조건도 받아들이게 될까?

4. 힘의 비대칭 속에서 공정한 거래가 이루어질 수 있을까?

5. 요즘 사회에서 '급함을 이용한 값 매기기'의 예는 무엇이 있을까? (자릿값, 부동산, 취업, 대출, 플랫폼 수수료 등)

1. 입장 바꿔서 생각하기

안주인의 마음:

방학중의 마음:

2. 힘의 방향 찾기

처음에 힘을 가진 쪽:

마지막에 힘을 가진 쪽:

→ 힘은 왜 이동했을까?

3. 나의 통찰 문장

'나는 다른 사람의 (   )을(를) 이용하지 않겠다.'

※ '집착에 빠진 사람': 욕망이 눈을 가리면 사람은 혼자서도 죄를 짓는다. 욕심으로 인한 즉각적 실패를 보여 준다.

※ '이천 냥짜리 화장실': 욕망이 힘을 만나 죄는 거래의 얼굴을 쓰고 나타났다. 욕심의 결과를 그대로 되돌려받는다.

욕망이 개인의 눈을 가리는 데서 끝나지 않고, 권력, 지위, 재산이라는 '힘의 우위'와 결합될 때 어떤 불공정이 생기는지를 보여 준다.

안주인은 처음에는 수지맞았다고 생각했을 것이다. 급한 사람 하나 잡아, 화장실 사용을 빌미로 큰돈을 벌었다고. 하지만 그 계산에는 빠진 것이 있었다. 사람의 서운한 감정은 거래가 끝났다고 사라지지 않는다는 것이다.

방학중은 소리를 높이지도, 힘을 쓰지도 않았다. 그저 안주인이 세운 원칙을 그대로 되돌려주었을 뿐이다. 그래서 이 이야기는 웃음으로 끝나지만, 웃고 난 뒤엔 묻지 않을 수 없다. '내 이익은 혹시 누군가의 급함 위에 서 있지는 않는가?'

* 욕심으로 한 행동은, 반드시 더 큰 값을 치르게 된다.

* 남을 해치면 자신이 해를 입는다. 타인을 향해 손가락질할 때, 타인을 향한 손가락은 하나지만 나를 향한 손가락은 셋이다.

'나 하나쯤이야'가 만든 맛

어느 날, 한 부자가 하인들을 모두 불러 모았다. 마당 한가운데에는 커다란 항아리 하나가 놓여 있었다. 부자는 하인들에게 금화 한 닢과 작은 술 단지 하나씩을 나누어 주며 말했다.

"곧 큰 잔치를 열 생각이다. 아주 특별한 포도주를 내놓고 싶으니, 이 금화로 각자 다른 포도주를 한 단지씩 사 오너라. 그리고 이 큰 항아리에 모두 부어라. 여러 가지 술이 섞이면 어떤 맛이 날지 궁금하구나."

하인들은 고개를 끄덕이며 흩어졌다. 그러나 저마다 속으로 '이렇게 큰 항아리에 내가 물을 조금 부은들 누가 알겠어? 금화는 내가 써야지' 하고 생각하며, 자기의 술 단지에 물을 가득 채워 항아리에 부어 넣었다.

잔칫날, 부자는 하인들을 불러 놓고 말했다.

"오늘 잔치는 그동안 수고한 너희들을 위한 것이니, 이 항아리의 술을 마음껏 마시며 즐겨라."

술을 들이켠 하인들은 모두 얼굴이 굳어졌다. 항아리는 포도주 대신 맹물만 가득했다. 그제야 하인들은 서로를 바라보았다.

'설마, 다들?'

결국 하인들은 숨겨 두었던 금화를 모두 빼앗기고, 잔치 내내 맹물만 마셔야 했다.

그날 하인들은 깨달았다.

'나 하나쯤이야'라는 생각이 모두의 것을 망친다는 것을.

유럽의 전래 우화에서 유래

핵심 키워드: 책임, 선택, 공동체, 작은 행동의 누적

길라잡이

1. 하인들은 왜 '물을 부어도 들키지 않을 거야' 하고 생각했을까?

2. 이 이야기에서 가장 큰 잘못은 개인에게 있을까? 아니면 구조에 있을까?

3. 항아리는 무엇을 상징한다고 볼 수 있을까?

4. 학교, 가정, 사회에서 '나 하나쯤' 때문에 생기는 문제는 무엇이 있을까?

5. 내가 속한 공동체에서 나의 행동은 어떤 영향을 미치고 있을까?

디딤돌

1. 항아리 채우기

만약 하인 한 명만이라도 진짜 포도주를 가져왔다면 결과는 달라졌을까?
그렇게 생각한 이유를 써 보자.

2. 나의 몫

우리(나, 가족, 반, 사회)를 항아리라고 한다면 나는 그 항아리에 무엇을
붓고 있는지 적어 보자.
내가 붓고 있는 물에는 어떤 것이 있을까?

3. 나의 통찰 문장

공동체에서 성실이란 무엇일지 한 문장으로 정리해 보자.

성실이란?

※ 이 우화는 개인의 이익을 앞세운 선택이 공동체의 붕괴라는 결과로 이어
짐을 보여 준다. 개인에서 공동체로 시선이 이동하는 출발점이다.

통찰 긴 여운

* 공동체는 말이 아니라 각자가 붓는 한 그릇으로 유지된다. 아무도 보지 않
을 때의 선택이 공동체의 맛을 만든다. 아주 작은 선택이 모두의 결과를 바
꾼다.
* 하인들은 상대를 속인 것이 아니라 자기 자신을 먼저 속였다.
* '나 하나쯤이야' 그 말은 은밀했지만, 항아리는 정직했다. 항아리는 실제로
부어진 것만 남겼다.
* '나 하나쯤이야'에서 '나만이라도'로써 제대로 된 맛을 살리자.

설산의 한고조

'내일 하겠다는 말이 오늘을 얼게 만든다'

히말라야 설산에 한고조(寒苦鳥)라는 전설 속의 새가 살았다. 이 새의 별명은 '내일이면 집 지으리'이다.

밤이 되면 설산은 숨이 막힐 만큼 기온이 떨어지고, 둥지가 없는 한고조는 밤마다 몸을 몹시 떨며, '내일은 꼭 둥지를 지어야지' 하고 다짐하곤 했다. 하지만, 막상 날이 밝으면 따뜻한 햇살과 아름다운 설산 풍경에 마음을 빼앗겨 버리고 둥지 짓기는 번번이 미루었다. 정신없이 놀다 보면 어느새 해가 기울고 다시 밤이 온다.

"아이 추워, 아이 추워."

후회만 반복할 뿐 행동은 바뀌지 않았고, 친구 새들이 말해도 소용없었다.

"지금 지어야 해."

그때마다 한고조는 대답한다. "까짓것, 내일 하지 뭐. 내일 둥지만 지으면 괜찮아."

그러나 내일은 끝내 오지 않았다. 어느 추운 밤, 한고조는 조용히 얼어 죽고 말았다.

불교 설화

길라잡이

1. 한고조는 왜 추위에 떨면서도 둥지를 짓지 않고, "내일 하지 뭐"라는 말을 반복했을까?

2. 한고조를 죽인 것은 추위일까, 미룸일까?

3. 친구들의 도움말은 왜 한고조에게 닿지 않았을까?

4. "조금만 있다가", "상황이 좋아지면"은 나의 삶에서 무엇을 얼게 만들고 있을까?

디딤돌

1. 나의 한고조 찾기

내가 요즘 계속 미루고 있는 일은 무엇이며, 그 일을 위해 지금 당장 해야 할 것은 무엇인가?

2. 둥지 행동 정하기

내가 지어야 할 둥지는 무엇이 있고, 그 둥지를 짓기 위해 지금 10분 안에 할 수 있는 행동이 있다면 그것은 무엇인가?

3. 문장 완성하기

"나는 더 이상 '내일'로 미루지 않고,

오늘 (   )을 하겠다."

※ 한고조는 몰랐던 것이 아니다. 집을 지어야 한다는 것도 알고 있었고, 집 짓는 방법도 알고 있었다. 다만 그는 매번 이렇게 말했다. "오늘은 아니고, 내일."

다음 날 아침은 언제나 편안했다. 춥지 않았고, 힘들지 않았고, 결단을 요구하지도 않았다. 그러나 밤은 오늘 왔고, 추위도 오늘 왔다. 그날 한고조를 얼어 죽게 한 것은 설산의 추위가 아니라 내일로 미룬 선택이었다.

사람도 마찬가지다. "조금만 있다가" "지금은 상황이 안 좋아서" "마음만 먹으면 언제든지" 이 말들은 지금 당장은 편하지만, 나의 미래를 얼게 만든다.

삶은 다짐으로 바뀌지 않고 행동으로만 바뀐다. 오늘 짓지 않은 둥지는 내일의 추위를 막아 주지 않는다. 희망이 있어도, 행동이 없으면 삶은 바뀌지 않는다.

이 이야기는 다짐은 있지만 실행은 없었을 때의 비극을 보여 준다. '언젠가'라는 말로, 행동하지 않고 오늘을 넘기면 치르게 되는 대가를 가장 극명하게 보여 준다. 빨강의 통찰은 지금 움직이지 않으면 아무 변화도 일어나지 않는다는 것을 알려 준다.

통찰 긴 여운

* 후회를 줄이는 가장 빠른 방법은, 오늘 지금 당장 하는 것이다. 다음에 하겠다는 말은 하지 않겠다는 말과 닮아 있다.

* 오늘 하지 않은 일은, 내일의 나를 보호해 주지 않는다.

* 후회는 밤에 찾아오지만, 행동은 지금 바로 낮에 필요하다.

몸이 먼저 움직인 통찰

경기도 광명시 지하철 7호선 철산역 상향 에스컬레이터에서 퇴근길 20대 여성 A 씨가 다급하게 소리를 질렀다. 발목까지 내려오는 가죽 재질 치마가 에스컬레이터 계단 측면 틈에 끼어 빨려 들어가고 있었다. A 씨가 손으로 치마를 필사적으로 잡아당겼지만, 소용이 없었다.

그 순간 앞에 서 있던 교사 오민근 씨(40)가 이 목소리를 듣고 A 씨의 치마를 함께 잡아당겼다. 하지만 옷은 계속 기계 속으로 빨려 들어갔다. 기계의 힘을 당할 수 없음을 직감한 오 교사는 "그냥 벗으세요!"라고 외쳤다. 시간을 몇 초라도 더 끌었다가는 끔찍한 사고가 날 수밖에 없는 상황이었다. 잠깐 머뭇거리던 A 씨가 재빨리 옷을 벗고 탈출했다. 오 교사는 점퍼를 벗어 A 씨의 신체를 가려 줬다. 주변에 있던 중년 여성도 겉옷을 벗어 A 씨를 감쌌다.

그 찰나에 치마를 빨아들인 에스컬레이터 틈이 점점 벌어지더니 A 씨의 소지품까지 완전히 집어삼켰다. 이들이 무사히 출구 바깥으로 나오자, 에스컬레이터는 굉음을 내면서 멈췄고 계단 발판은 휘어져 튀어 올랐다. 사고가 난 철산역 관계자는 "이 모든 상황의 발생부터 종료까지 30초도 걸리지 않았다"라면서 "오 교사의 즉각적 판단이 아니었다면 큰 인명 피해가 발생할뻔했다"라고 말했다.

신문 기사

길라잡이

1. 오민근 씨는 왜 잠깐의 망설임도 없이 "그냥 벗으세요"라고 말했을까?

2. "그냥 벗으세요"라는 말은 왜 하기 어려운 말이었나?

3. 그의 판단은 '용기'였을까 아니면 '본능'이었을까?

4. 우리는 왜 위급한 상황에서조차 오해받을까 봐 망설일까?

5. 지금 우리의 사회는 행동하는 용기를 더 장려하고 있을까, 아니면 안일한 책임 회피를 조장하고 있을까?

디딤돌

1. 위험한 순간에 나의 행동을 멈추게 하는 것은 무엇이 있나?

2. 나중에 생각하면 행동하는 것이 옳은 판단이었는데, 그 당시에는 자리를 피했던 경험은 없었나?

3. 빠르게 판단하고 결단하여 용기 있게 행동하기 위해서 준비해야 할 일들은 무엇이 있을까?

두 이야기 비교

'설산의 한고조'는 미루는 태도가 삶을 얼게 하고 죽음에 이르게 했다.

'몸이 먼저 움직인 통찰'은 망설이지 않은 행동이 생명을 살렸다.

앞으로 우리는 서로의 위기 앞에서 어떻게 반응해야 할까?

이 사례에서 빨강의 통찰은 '멈춘 생각'이 아니라 '즉각적 행동'이 윤리가 되는 현장을 보여 준다.

※ 올바른 판단은 때로 생각보다 몸에서 먼저 나온다. 생명을 살리는 일 앞에
서는 판단하고 미루기보다 몸이 먼저 반응하고 행동한다. 규범보다 생명
의 윤리가 앞서는 것이다.

통찰 긴 여운

* 통찰은 생각이 아니라, 미루지 않는 행동이다.
* 이 이야기는 '통찰은 책 속에만 있는 것이 아니라, 지금, 여기, 우리의 선택
  속에 있다'라는 메시지를 강하게 인식시킨다.
* 그 순간 내가 나서기를 망설이는 이유는 규칙이 아니라 두려움인지도 모른다.

연못의 붕어 두 마리

깊은 산 오솔길 옆 자그마한 연못에 예쁜 붕어 두 마리가 살고 있었다. 하지만 붕어들은 서로를 마음에 들어 하지 않았다.

'저 녀석만 없다면 이 연못을 내가 다 차지할 수 있을 텐데…….'

그러던 어느 날, 두 붕어는 심하게 싸우기 시작했다. 며칠 뒤, 상처를 입은 한 마리가 하얀 배를 물 위로 드러냈다.

"이겼다. 이제 아무도 방해하지 않아."

살아남은 붕어는 너무나 통쾌했다.

"이제 내 세상이다. 이 연못의 주인은 바로 나야!"

하지만 그날부터 연못의 물이 점점 변하기 시작했다.

"그런데, 왜 물이 이렇게 쓰지?"

죽은 붕어의 몸이 썩으면서 나온 독이 연못을 오염시킨 것이다. 썩은 물을 마신 붕어도 결국 죽고 말았다. 결국 연못에는 더러운 물만 남았고, 아무런 생명도 살 수 없게 되었다.

노래 〈작은 연못〉 가사 활용

길라잡이

1. 붕어 두 마리는 무엇 때문에 싸우기 시작했나?

2. 붕어들이 지키려 했던 것은 연못이었을까, 자신의 감정이었을까?

3. 경쟁이 언제 '노력'에서 '파괴'로 바뀐다고 생각하나?

4. 우리가 분노할 때 가장 먼저 사라지게 되는 것은 무엇일까?

5. 학교, 가정, 사회에서 '상대를 이기려다 함께 손해 보는 경우'에는 어떤 사례가 있을까?

디딤돌

1. 감정 신호등

내가 화가 날 때, 먼저 몸에는 어떤 신호가 나타나는가?

심장:

손:

얼굴:

기타:

2. 연못 지키기 문장

다른 사람과 싸우기 전, 스스로에게 말해 줄 문장 한 줄 쓰기.

지금 나의 이 행동은 우리 연못을 (　　　　　) 하게 만든다.

3. 선택 바꾸기 연습

같은 상황에서 '이기려는 선택' 대신 '연못을 지키려는 선택'을 했다면 어땠을지 적어 보자.

※ 이 이야기는 이겼다는 착각이 어떻게 공멸로 이어지는지, '행동의 에너지'가 잘못 쓰일 때 어떤 결과가 오는지를 즉각적으로 보여 준다. 필요한 것은, 이긴 뒤가 아니라 싸우기 전에 그것을 깨닫는 것이다.

통찰 긴 여운

* 분노는 적을 무너뜨리기 전에, 우리가 함께 살아가야 할 터전부터 무너뜨린다.
* 상대를 없애면, 내가 설 자리도 사라진다. 분노로 이긴 싸움은 반드시 삶을 무너뜨린다.
* 분노는 적을 향하지만, 파괴는 언제나 공동체를 향한다.

소와 사자의 사랑 이야기

옛날에 소와 사자가 있었다. 둘은 너무나 사랑해서 결혼해서 살게 되었다. 둘은 항상 서로에게 최선을 다하기로 약속했다. 소는 사자를 위해 날마다 제일 맛있는 풀을 대접했다. 소가 웃으며 말했다. "이 풀 정말 맛있어. 당신도 꼭 좋아할 거야."

사자는 싫었지만, 사랑하는 소를 위해 참고 먹었다. 사자는 풀을 씹으며 고개를 끄덕였다.

"응, 고마워." (속으로는 '난 고기를 먹어야 사는데⋯⋯.')

다음 날, 사자도 소를 위해 가장 연하고 맛있는 살코기를 대접했다. 고기를 먹지 못하는 소는 괴로웠지만 참고 먹었다. 이런 마음도 모르고 사자는 신이 나서 이야기한다.

"이 고기, 정말 좋은 거야. 힘이 날 거야."

소는 고개를 숙이고 고기를 삼켰다.

"그래, 당신이 정성껏 준비했으니까."

하지만, 시간이 지날수록 둘의 웃음은 줄어들고, 불만은 쌓여 갔다. 작은 문제도 못 풀고 미루다 보면 점점 큰 사건이 되고 만다.

어느 날, 소가 먼저 말했다. "난 정말 최선을 다했어."

사자도 물러서지 않았다. "나도. 늘 당신을 먼저 생각했어."

둘은 그날 처음으로 알았다. 사랑했지만, 서로를 본 적은 없었다는 것을. 소와 사자는 크게 다투고 끝내 헤어지고 말았다. 헤어지면서 서로에게 하는 말은 "나는 당신에게 최선을 다했다."

톨스토이 우화 「소와 사자의 사랑 이야기」

핵심 키워드: 사랑, 대화, 배려, 결혼

길라잡이

1. 소와 사자는 왜 서로에게 자신이 좋아하는 음식을 주었나?

2. 두 사람은 왜 계속 참고만 있었을까? '참는 사랑'은 언제 위험해질까?

3. "나는 최선을 다했다"라는 말을 하면서 왜 관계를 지키지 못했을까?

4. 사랑과 배려의 차이는 무엇일까?

5. 부모, 친구, 연인 등 가까운 사이의 관계에서, 상대방을 위해서 한다는 말이나 행동이 오히려 상처가 되는 경우는 언제인가?

※ 소와 사자의 사랑, 무엇이 문제였을까? 죽도록 사랑했던 그들이 왜 헤어지게 되었을까? 소는 소의 눈으로만 세상을 보고, 사자는 사자의 눈으로만 세상을 보았기 때문이다.

나 위주로 생각하는 최선은 상대를 아프게 하는 최선일 수 있고, 그 최선이 최선일수록 최악을 낳는다. '악의'가 아니라 선의로 포장된 '최선을 다했다'라는 자기중심적 말이 오히려 얼마나 위험한지를 보여 준다.

지금 나의 최선은 혹시 나 자신만을 생각하는 최선은 아닌지 돌아보고, 사랑에는 열심보다 이해가 먼저 필요함을 기억하자.

1. '내가 주고 싶은 것'과 '상대가 받고 싶은 것'이 같지 않은 경우를 떠올려 보고, 그것이 무엇인지 써 보자.

내가 주고 싶은 것:

상대가 받고 싶은 것:

상대를 위해 행동한다고 했는데, 사실은 나 자신의 만족을 위한 행동이 있다면 어떤 것이 있는가?

2. 말 바꾸기 연습

'난 너를 위해서 한 거야' → '이게 너에게 괜찮은지 물어보고 싶어'

3. 빨강 멈춤 질문

사랑이나 분노가 강해질 때 스스로에게 묻기

→ 이 행동은 나를 만족시키는가, 상대를 위한 것인가?

※ 빨강의 뜨거운 감정 에너지(사랑, 집착, 의지)는 방향을 잃으면, 상대에 대한 이해 없이 폭주하여 가장 먼저 관계를 태우는 위험성을 볼 수 있다.

* 상대는 보지 않고 자기 기준으로 한 사랑은 사랑이 아닌 강요일 수 있다. 그
  저 이름만 사랑일 뿐 그 최선이 오히려 최악이 된다.
* 사랑은 많이 주는 것이 아니라, 맞게 주는 것이다.

이발 기술 전수

유명한 이발사가 자기의 기술을 전수하기 위해 젊은 도제 한 명을 들였다. 3개월의 수습이 끝나고 도제는 드디어 첫 손님을 맡게 되었다. 이발이 끝난 뒤 손님이 거울을 보며 말했다.

"머리가 조금 긴 것 같지 않나요?"

도제는 당황해서 아무 말도 하지 못했다. 그때 스승 이발사가 웃으며 말했다.

"머리가 너무 짧으면 경박해 보일 수 있지요. 손님께는 이 정도 길이가 아주 잘 어울립니다."

손님은 금세 만족한 얼굴로 돌아갔다.

두 번째 손님은 말했다. "너무 짧지 않나요?"

스승은 다시 말했다.

"짧은 머리는 훨씬 경쾌하고 정직한 인상을 줍니다."

세 번째 손님이 "시간이 너무 오래 걸렸군요" 하자, "머리 모양은 인상을 좌우합니다. 성공한 사람일수록 머리 모양내는 것에 시간을 아끼지 않지요."

네 번째 손님은 "20분 만에 끝나다니 정말 빠르네요" 하고 말하였다.

"시간은 금이니까요. 손님의 귀한 시간을 아껴 드려 기쁩니다."

그날 밤, 이발사는 도제에게 말했다.

"세상 모든 일에는 양면이 있다. 중요한 건 사실이 아니라 어떻게 말하느냐다."

현대판 전래동화

길라잡이

1. 손님들의 불만과 칭찬은 각각 어떤 상황에서 나왔나?

2. 스승 이발사의 대답에는 어떤 특징이 있나?

3. 스승 이발사의 말은 사실을 왜곡한 것일까, 관점을 바꾼 것일까? ('솔직함' 과 '배려 있는 말'의 차이는 어디에 있을까?)

4. 나는 "사실이니까"라는 말을 던져 상대를 아프게 한 적이 있나? 그 말은 관계에 어떤 흔적을 남겼나?

5. 댓글, 메시지, 발표 상황 등에서 말 한마디가 사람을 살리거나 상처 준 사례를 찾아보자.

디딤돌

1. 말 바꾸기 연습

상황	상처 주는 말	관계 살리는 말
실수했을 때	왜 이것도 못 해?	여기까지 온 것도 충분해.
늦었을 때	또 늦었네.	무슨 일이 있었어?
부족할 때	너는 항상 부족해.	연습하면 더 나아질 수 있어.

2. 말의 양면성 찾기(같은 상황을 다르게 보는 경우)

차갑게 말했을 때와 상대의 기분을 살펴 말했을 때의 결과에는 어떤 차이가 있는지 비교해서 써 보자.

3. 문장 완성하기

말은 사실을 전달하는 것이 아니라 (   )을 전달한다.

※ 실력은 머리를 깎지만, 말은 사람의 마음을 다듬는다. '말 한마디로 천 냥 빚을 갚는다'라는 말이 있다. 능력 못지않게 중요한 것은 바로 말하는 기술이다. 똑같은 상황에서도 말 한마디에 의해 결과가 하늘과 땅 차이가 나는 경우를 보게 된다. '어떻게 말하는가?'는 곧 '어떤 사람인가?'를 말해 주는 척도가 된다.

이 이야기는 말이 사실은 바꾸지 않으면서 관계의 방향을 즉각 바꾸는 순간을 보여 준다. 감정이 부딪치는 장면에서 감정을 다루는 말의 기술, 말을 다루는 법을 배우게 한다.

이로써 빨강 단원은 행동, 욕망, 분노, 미룸 그리고 말이라는 즉각적 선택까지 하나의 축으로 완전히 완성된다.

> ### 통찰 긴 여운

* 사람을 설득하는 것은 사실의 나열이 아니라 관점의 제시다.

* 말은 내용을 넘어서 사람의 마음을 건드린다. 욕망이나 분노뿐 아니라, 말 역시 사람을 살리거나 다치게 한다.

한니발 장군의 초상화 그리기

한니발 장군은 세계 최초로 알프스산맥을 넘어 로마군과의 전쟁에서 이긴 카르타고의 위대한 장군이었다.

어느 날 그는 화가를 불러 말했다. "나의 초상화를 그려라."

화가는 고민에 빠졌다. 한쪽 눈이 심하게 상처 입은 얼굴을 그대로 그리자니 장군이 상처받을 것 같았고, 그렇다고 멀쩡한 두 눈을 그리자니 거짓말이 될 것 같았다.

며칠 밤을 고민하던 화가는 좋은 생각이 떠올랐다. 완성된 그림에는 용맹하면서도 인자한 미소를 띤 장군의 옆얼굴이 담겨 있었다. 장군은 그림을 바라보다가 눈시울을 붉히며 물었다. "왜 이렇게 그렸느냐?"

화가는 조용히 말했다.

"모든 사람에게는 단점이 있고 동시에 숨은 아름다움이 있습니다. 저는 장군님의 가장 빛나는 모습을 보여 드렸을 뿐입니다."

장군은 말없이 고개를 끄덕였다.

한니발 관련 야사에서

길라잡이

1. 화가는 왜 쉽게 그림을 그리지 못했나?

2. 장군은 그림의 어떤 점에 감동했을까?

3. 한니발의 초상화는 사실을 숨긴 것일까, 관점을 바꾼 것일까? 진실과 배려는 항상 충돌할까?

4. 누군가의 잘못을 말해야 할 때, 사실을 말하면서도 상대를 배려하는 방법은 무엇일까?

5. 피드백, 평가, 댓글 문화에서 '사실 전달'과 '존중'은 어떻게 함께 갈 수 있을까?

디딤돌

1. 관점 바꾸기 : 표현이 바뀌면 관계의 결과도 바뀐다.

상황	상처 주는 표현	사실만 말한 표현	지혜로운 표현
실수했을 때	왜 그렇게 했어!	이 부분이 틀렸어.	여기서 배울 점이 보여.
외모 콤플렉스	보기에 좋지 않아.	눈에 띄네.	개성이 뚜렷해.
능력이 부족할 때	재능이 없어.	아직 부족해.	성장 가능성이 보여.

2. 그림으로 생각하기

같은 인물을 다른 각도에서 그렸을 때 달라지는 점을 써 보자.

정면:
____

옆모습: ____________

뒷모습: ____________

※ 보는 각도가 바뀌면 의미도 바뀐다.

3. 문장 완성하기

(예: 지혜란 사실을 숨기는 것이 아니라 사람을 배려해서 보여 주는 것이다.)

지혜란 사실을 숨기는 것이 아니라 (   )이다.

※ '이발 기술 전수'에서는 말의 기술을 배울 수 있고, '한니발 장군'에서 관점의 기술을 배울 수 있다.

빨강은 말과 시선이 사람의 존엄을 즉각적으로 살리거나 다치게 하는 속성이 있다. 이 이야기는 진실을 숨기지 않으면서도 사람을 다치게 하지 않는 길을 묻는다. '같은 사실을 말해도 사람의 기분과 자존감을 세우는 길이 있음을 보여 준다.

통찰 긴 여운

* 지혜는 거짓과 진실 사이에서 관점을 조율하는 힘이다.

* 사실을 말하는 용기보다, 사람을 살리는 관점이 더 큰 지혜이다.

* 지혜로운 사람은 단점을 지우지 않고 빛나는 방향으로 돌려놓는다.

* 말하지 않는 진실보다, 다르게 보여 줄 수 있는 진실이 있다. 같은 얼굴도 어디서 보느냐에 따라 인상이 달라진다.

개가 사나우면 술이 시어진다

구맹주산(狗猛酒酸)

송나라에 술을 파는 사람이 있었다. 술맛은 좋았고, 손님에게 친절했고, 속이지도 않았다. 그런데 이상하게도 술이 잘 팔리지 않았다. 답답해진 그는 마을 어른 양천을 찾아가 물었다.

"어르신, 제가 뭘 잘못하고 있는 걸까요?"

양천이 되물었다. "자네 술집에 개는 사납지 않은가?"

"네, 아주 사납습니다."

양천은 고개를 끄덕이며 말했다.

"그게 문제네. 사람들이 그 개를 무서워해 술집에 오질 않는 거야. 예전에 어떤 사람이 아이에게 술을 사 오라고 했는데, 그 개가 아이를 물었네. 그 뒤로 소문이 퍼지면서 아무도 술을 사러 오지 않았고, 술은 결국 시어 버렸지."

술이 나쁜 게 아니라 개가 문제였다.

한비자 외저설

길라잡이

1. 좋은 의도나 제도만으로 공동체는 유지될 수 있을까?

2. '사나운 개'는 오늘날 무엇을 비유하는 말일까?

3. 문제를 해결하려면 술을 바꿔야 할까, 개를 바꿔야 할까? 리더 곁의 사람들은 어떤 책임을 져야 하나?

4. 학교, 회사, 사회에서 사람들은 좋은데 분위기를 무겁게 만드는 곳을 본 적 있나?

5. 조직이 망가졌다면, 개인과 구조 중 무엇을 먼저 살펴야 할까?

디딤돌

1. 이야기 속 요소를 살펴보자.

이야기 속 요소	오늘날 의미
좋은 술	정책, 제도, 비전, 성실한 노력
사나운 개	권력 남용, 폭력적 분위기, 간신
손님	시민, 구성원, 약자
시어진 술	신뢰 붕괴, 공동체 실패

2. 문제의 핵심은 어디에 있는가?

(   )가 많을수록 구조의 문제다.

3. 나의 위치 점검

나는 지금

술을 만드는 사람인가?

개 옆에 서서 침묵하는 사람인가?

무서워서 오지 못하는 손님인가?

위치도 선택이듯, 침묵도 선택이다.

그렇게 생각하는 이유와 개선점이 있다면 무엇인가?

※ 연못의 붕어 → 환경(공동체) 파괴

이발 기술 전수 → 말의 기술

애꾸눈 장군 → 관점의 기술

개가 사나우면 술이 시어진다 → 잘못된 구조의 독소

통찰 긴 여운

* 좋은 술도 사나운 개 곁에서는 시어 버리듯이, 아무리 좋은 사람도 잘못된 구조 안에서는 오래 버티기 어렵다. 문제는 사람이 아니라 사람을 둘러싼 분위기일 때가 많다.

* 공동체를 망가뜨리는 것은 사람이 아니라 사람을 침묵하게 만드는 두려움이다. 사람을 쫓아내는 것은 무능이 아니라 두려움이다.

* 리더 곁에 누가 서 있는지가 공동체의 운명을 결정한다.

돌에 박힌 화살촉

중석몰촉(中石沒鏃)

한나라의 장군 이광은 활을 아주 잘 쏘는 사람으로 유명했다.

어느 날, 혼자서 사냥하다가 길을 잃고 말았다. 어둠이 내려앉고 숲에서는 짐승 소리가 들려왔다. 그때 풀숲 너머에서 거대한 호랑이가 자신을 노려보고 있는 것이 보였다.

"지금 쏘지 않으면 나는 죽는다."

이광은 숨을 고르고 온 신경을 한 점에 모았다. 그리고 힘껏 활시위를 당겼다. 화살은 호랑이를 향해 날아가 명중했다. 그런데 분명히 화살을 맞았는데도 호랑이는 넘어지지 않았다. 가까이 가 보니 놀랍게도 그것은 호랑이가 아니라 호랑이처럼 보였던 바위였다. 더 놀라운 것은 그 바위 한가운데에 화살촉이 깊이 박혀 있었다는 사실이었다. 이광은 다시 같은 바위를 향해 힘껏 화살을 쏘아 보았다. 하지만 번번이 화살이 튕겨 나가거나 부러지고 말았다. 그날의 이야기를 전해 들은 양자운이 말했다.

"지성이면 쇠와 돌도 뚫는 법이지. 사람을 움직이는 건 기술이 아니라 마음일세."

『사기』이장군열전

길라잡이

1. 이광이 처음 화살을 쏠 때 어떤 상황이었나?

2. 두 번째 화살은 왜 바위를 뚫지 못했을까?

3. 두 화살의 차이는 기술의 차이였을까, 마음의 차이였을까?

4. '정신일도'란 어떤 상태를 말할까?

5. 우리가 평소 집중하지 못하는 이유는 무엇일까?

6. 시험, 운동, 발표, 위기 상황에서 평소보다 더 큰 힘이 나온 경험이 있나?

7. 지금 내 삶에서 '한 점으로 모아야 할 일'은 무엇일까?

디딤돌

1. 집중의 질 비교 실험

같은 문제를 주변이 어수선하고 시끄러운 상태에서, 그리고 모든 방해 요소를 제거한 상태에서 각각 풀어 보자. 걸린 시간과 정확도, 마음 상태가 어떻게 달라지는지 비교하여 보고 결과는 시간의 '양'이 아니라 '질'에 달려 있음을 느껴 보자.

2. 심력 점검 질문

나는 집중해야 할 때 쓸데없는 것을 이것저것 함께 잡고 있지는 않은가?

포기하지 못해 집중을 잃고 있지는 않은가?

집중은 더하는 힘이 아니라, 버리는 힘이다.

3. 문장 완성하기

집중이란 (　　　　　)을 포기하는 용기다.

내가 가장 간절했던 순간은 (　　　　　) 때였다.

［ 단계별 의미 톺아보기 ］

1단계 ― 일반적인 불가능

상식적으로 화살은 돌을 뚫지 못한다. 사람의 힘에는 한계가 있기 때문이다.
여기까지는 모두가 아는 세계다.

2단계 ― 생사의 경계에서 나온 집중

이광은 호랑이를 봤다고 믿었고 빗나가면 죽는 상황이었다. 이때 마음은 갈
라지지 않는다. 오직 살아야 한다는 한 점으로 모인다.
이 상태가 바로 정신일도(精神一到)다.

3단계 ― 결과는 같아 보여도 원인은 다르다

첫 번째 화살은 바위를 뚫었고, 두 번째 화살은 팅겨 나갔다. 차이는 오직 하
나다. 쏘는 기술이 아니라, 쏘는 마음이다.

4단계 ― 공력이 아닌 심력

양자운의 말은 핵심을 찌른다. "지성이면 쇠와 돌도 뚫는다." 공력(功力)이 훈
련으로 쌓은 힘이라면, 심력(心力)은 하나로 모은 절절함이 만든 힘이다. 결
정적 순간을 여는 것은 항상 심력이다.

5단계 ─ 바위를 닮은 호랑이의 시대

글의 방향 전환 질문을 해 본다. 지금 우리가 사는 세상은 호랑이를 닮은 바위가 아니라 바위를 닮은 호랑이가 아닐까? 위험은 더 교묘해졌고, 집중은 더 흩어졌다. 그래서 이광의 화살이 더욱 필요한 때이다.

※ 이 우화는 학생에게는 공부와 삶의 태도를, 어른에게는 일과 인생의 밀도를 묻는다. 기술은 반복으로 늘어나지만, 집중은 간절함이 있을 때만 나타난다. 머뭇거림이 사라진 상태, 개인의 마음이 하나로 모이는 순간, 인간의 힘이 어디까지 도달하는지를 보여 주는 이야기이다.

권력이 사람을 흔들 수 있다면, 집중은 목표를 관통한다. 최선은 능력이 아니라 마음을 하나로 모으는 것이다.

(통찰 후 긴 여운)

* 불가능을 뚫는 힘은 기술이 아니라 한 점으로 모인 마음에서 나온다. 집중은 힘을 키우는 것이 아니라 힘을 낭비하지 않는 것이다. 순간의 집중이 불가능을 관통한다.

* 말이 관계를 바꾸고, 마음이 방향을 정하면, 집중은 목표를 관통한다.

빨강 단원 마무리

■ 빨강(赤) — 힘, 말, 관점, 권력, 집중

빨강 단원에 등장한 이야기들은 모두 '힘'에 대한 이야기다. 하지만 그 힘은 주먹이나 지위 같은 드러난 힘이 아니다.

말이 사람의 마음을 움직이는 힘, 관점이 갈등을 바꾸는 힘, 권력이 착각을 만드는 힘, 집중이 불가능을 뚫는 힘 등 보이지 않지만 가장 강력한 힘이다.

* 빨강 단원을 지나며 기억해야 할 점은 말이 사실을 전달하는 것뿐만이 아니라, 관점도 전달한다는 것이다. 진짜 힘은 눈에 보이지 않는다. 사람을 움직이는 것은 힘이 아니라, 그 힘을 쓰는 태도다. 집중은 힘을 더 쓰는 것이 아니라, 힘을 낭비하지 않는 것이다.

■ 빨강 단원 흐름

* 빨강 단원은 '개인의 인성 → 관계 → 구조 → 내면'으로 점점 깊어지는 구조를 가진다.

1. 말의 기술

'이발 기술 전수': 관계는 기술이며, 말은 선택이다.

2. 관점의 지혜

'한니발 장군의 초상화 그리기': 진실과 배려는 대립하지 않는다.

3. 권력과 구조

'개가 사나우면 술이 시어진다': 개인의 문제를 구조의 문제로 확장시킨다.

4. 내면의 집중

'돌에 박힌 화살촉 — 중석몰촉': 힘의 강도는 마음의 집중도에 좌우된다. 심력이 결과를 바꾼다.

* 빨강 단원은 학생에게는 삶의 태도를, 어른에게는 힘의 윤리를 묻는다.
 '옳고 그름'의 판단에 그치지 않고, '왜 그렇게 되었을까?'를 묻는다.
 개인 책임론에 갇히지 않고, 구조와 환경을 함께 보게 한다.
 '무지개를 타고 통찰의 나라'로는 세상을 설명하는 책이 아니다. 사람을 성장시키는 촉매제가 되기를 바란다.

■ 빨강의 3대 질문 축

힘은 어디에서 생기는가?

힘은 어떻게 착각되는가?

힘은 잘못 쓰이면 무엇을 망가뜨리는가?

2단원

주황: 태도를 바꾸다

문제 앞에서 포기하지 않는 자세

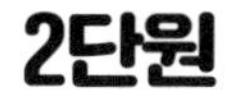

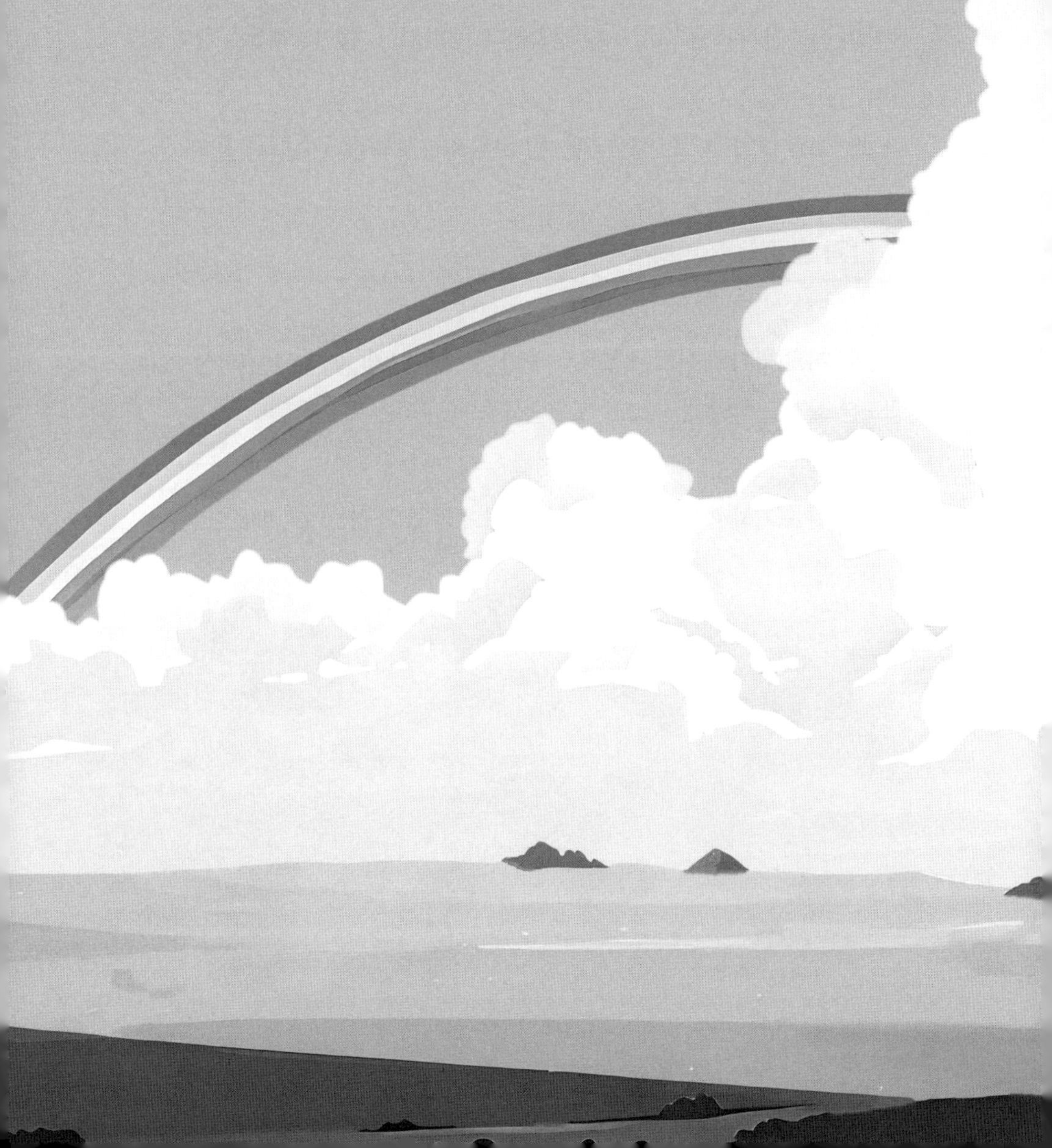

■ 단원 핵심 통찰

길이 없을 때, 멈추는 사람이 있고 길을 만드는 사람이 있다.

■ 단원 서문

문제가 생기면 우리는 먼저 이렇게 말한다. "안 돼요." "불가능해요." "길이 없어요."
하지만 정말 길이 없었던 걸까, 아니면 알고 있던 방법만 고집했던 것일까?

■ 단원 결론

사형에 처할 위기에 처한 예언자도, 우유 통에 빠진 개구리도 포기하지 않고 결국은 살길을 찾았다. 그리고 그 모습을 보는 우리는 깨닫게 된다.
안 되는 이유를 찾는 대신, 되는 방법을 찾자. 세상을 바꾸는 건 뛰어난 재능이 아니라 포기하지 않는 태도라는 사실을 우리는 이 단원에서 배운다.

장대 들고 성문 들어가기

옛날 중국에 긴 장대를 들고 성안으로 들어가려는 사람이 있었다. 그런데 성문에 장대가 걸렸다. "이상하네, 왜 못 들어가지?"

그는 장대를 세워 보기도 하고, 옆으로 돌려 보기도 하고, 힘껏 밀어 보기도 했다. 장대가 길어서 성문을 통과할 수 없었다.

그때 옆에서 보고 있던 사람들이 한마디씩 하기 시작했다.

"위를 조금 잘라 보시오." "아니요, 성문 아래를 파면 되겠소." "힘껏 밀면 들어갈 것 같은데?"

사람이 점점 몰려들자 웅성거림도 커졌다.

"왜 저렇게 고집을 부리지?" "조금만 잘라 내면 될 텐데"

그렇다고 장대를 자를 수는 없었다. 그때, 조용히 지켜보고 있던 한 노인이 앞으로 나섰다. "왜 그렇게 애를 쓰시오?"

장대 주인은 툴툴거리며 말했다.

"보시다시피 장대가 길어 들어가지 못하고 있습니다."

노인은 잠시 장대를 보더니 담담하게 말했다.

"세워서 들고 들어가려 하지 말고, 눕혀서 길게 들고 들어가시오."

순간, 주변이 조용해졌다. 장대 주인은 잠깐 멈칫하더니 고개를 끄덕였다. 그리고 장대를 눕혀 성문으로 들어갔다. 놀랍게도, 아무 문제 없이 장대는 성안으로 들어갔다.

사람들은 그제야 문제가 된 것은 장대의 길이가 아니라, 들고 가는 방식이었다는 것을 깨달았다.

『소림』에 나오는 이야기를 변형

본래 이야기는 장대를 짧게 잘라 성문을 통과하는 어처구니없는 결과를 보이나 필요에 맞게 결론부를 바꾸었다. 그럼으로써 단지 열심히 시도하라고만 강요하기보다. 제대로 생각하는 법을 보여 주는 우화로 변형을 주었다.

핵심 키워드: 관점 전환, 지혜, 방향을 바꾸는 용기

길라잡이

1. 장대를 들고 왜 성문에 들어가지 못했나? 사람들은 어떤 해결책을 제안했나? 노인의 말은 어떤 점이 달랐나?

2. 이 이야기에서 진짜 문제는 장대의 길이, 성문의 높이, 아니면 장대의 들어가는 방향 중에서 어느 것이었을까?

3. 노력하고 있는데도 일이 풀리지 않았던 경험이 있는가? 그때 '더 열심히' 말고 '다르게' 해 본 적은 없는가? (공부, 인간관계, 진로 문제 등에서)

4. '자르려고 했던 장대'는 무엇이었을까?

   막히던 일이 방향만 바꾸면 해결될 수 있는 문제는 없을까?

1. 내 장대는 무엇인가?

지금 나를 막고 있는 일을 찾아보자.

2. 이 문제를 해결하기 위해 잘라 버리거나 포기하는 대신 각도를 바꾼다면 어떤 방법이 있을까?

※ '조금 더 노력'이 아니라, '다르게 생각하기'가 필요하다. 방식을 바꾸는 순간 길이 열린다. 막힌 문제는 같은 방법으로 세게 밀수록 더 막히고, 각도를 바꾸어 접근하면 스스로 문이 열린다.

* 지혜는 더 밀어붙이는 힘이 아니라, 각도를 바꾸는 용기에서 시작된다.

* 문제는 크기가 아니라, 바라보는 각도에 있다. 안 되는 이유를 늘리기보다 해결 방식을 바꿔 보라.

* 막힌 길은 부수는 게 아니라, 방향을 바꾸는 데서 열린다.

도끼를 잃어버린 날

"이상하네… 도끼가 어디 갔지?" 아침에 나무를 하러 나서던 한 사람이 마당을 둘러보며 중얼거렸다. 도끼가 보이지 않았다. 그는 잠시 생각하다가 이웃집 아이가 떠올랐다.

'어제 그 아이가 이 근처를 어슬렁거렸지.'

그날부터 아이의 모든 것이 달라 보였다. 걷는 모습은 몰래 숨기는 사람 같았고, 말할 때마다 변명하는 것처럼 들렸다. 눈길을 피하는 모습은 틀림없는 도둑의 얼굴 같았다. 사실 아이는 평소와 다르지 않았다. 달라진 것은 아이가 아니라, 바라보는 눈이었다. 아이는 평소와 다르지 않았지만, 그 사람의 눈은 이미 결론을 내려놓은 뒤였다. 도끼는 아이의 손에 있는 듯했고, 아이의 몸짓 하나하나가 증거가 되었다.

며칠 뒤, 그는 골짜기에서 나무를 하다가 잃어버렸던 도끼를 발견했다. 자신이 내려놓고 잊어버린 자리였다. 다음 날, 그는 다시 그 아이를 보았다. 아이의 걸음은 자연스러웠고, 얼굴은 맑았다. 도둑의 흔적은 어디에도 없었다.

그는 그제야 알았다. 아이를 도둑으로 만든 것은 사실이 아니라, 자기 마음속의 의심이었다는 것을.

『열자』설부 편

길라잡이

1. 이 사람은 어떤 계기로 아이를 의심하게 되었나?

2. 사람들은 왜 사실 확인이나 증거를 찾기보다 먼저 결론을 내릴까?

3. 한번 생긴 의심이 들면 왜 계속 새로운 '증거'를 만들어 낼까?

4. 만약 끝내 도끼를 찾지 못했다면, 이 사람의 생각은 어디까지 나아가게 되었을까?

5. 댓글, 제목, 이미지 중 무엇이 우리의 판단을 가장 빨리 흐리게 하나?

디딤돌

1. 마음의 필터 알아보기

(   )가 인사를 하지 않고 지나갔다.

이런 상황에서 먼저 떠오르는 생각은?

이 생각은 사실인가 아니면 그저 나의 해석에 불과한가?

다른 가능성을 써 보자.

2. 의심 멈춤 신호

내가 누군가를 의심할 때 나타나는 신호에 대해 생각해 보자.

☐ 행동 하나로 성격을 단정한다.

☐ 내 생각을 확인하지 않는다.

☐ 반대 증거는 보지 않으려 한다.

※ 장대 들고 성문 들어가기: 욕심이 자기중심적 착각으로

※ 도끼를 잃어버린 날: 의심이 타인을 향한 착각으로

이 우화는 착각은 사물에 있지 않고, 바라보는 내 마음에 있다. 사건(도끼 분실)보다 의심이라는 마음의 필터가 어떻게 현실을 왜곡하는지를 보여 준다. '사람을 나누는 기준이 사실이 아니라, 마음일 수 있다'라는 단순한 사실을 독자에게 던지고 있다.

주황의 착각은 사물에 있지 않고, 바라보는 마음에 있다.

통찰 긴 여운

* 사람을 바꾸는 것은 사실이 아니라 바라보는 사람의 마음이다.

* 의심은 사물을 바꾸지 않는다. 단지 보는 사람을 바꿀 뿐이다.

* 욕심이 눈을 흐리게 했다면, 의심은 사실을 보지 않고, 내 마음속 이야기를 본다. 내가 믿고 있는 것은 사실일까, 아니면 내가 만든 이야기일까?

아프리카 원주민의 원숭이를 잡는 방법

욕심은 가장 소중한 걸 잃게 할 수 있다

숲속을 지나던 원숭이 한 마리가 갑자기 걸음을 멈췄다.

"어? 이 달콤한 냄새는 뭐지? 분명 내가 좋아하는 나무 열매 냄새야!"

냄새를 따라가 보니, 나무 아래에 작은 항아리 하나가 놓여 있었다. 항아리 안에는 탐스럽게 익은 열매들이 가득 들어 있었다.

"이렇게 쉬울 수가! 완전 횡재잖아. 이건 다 내 거야!"

원숭이는 항아리 구멍에 손을 쑥 집어넣어 열매를 한 움큼 꽉 움켜쥐었다. 그런데 손을 빼려는 순간, 멈칫했다.

"어? 왜 안 빠지지? 조금만 더 힘을 주면 되겠지."

원숭이는 열매를 더 세게 움켜쥐며 발버둥을 쳤다.

"이걸 놓으면 안 되는데, 이 열매만 있으면 며칠은 배불리 먹을 수 있는데, 절대 못 놓아!"

그때 숲 저편에서 사람의 발소리가 들려왔다. 다른 원숭이들이 나무 위에서 다급하게 소리쳤다.

"그 열매를 놔!" "손을 펴면 빠져나올 수 있어!"

하지만 손이 항아리에 걸린 원숭이는 고개를 저었다.

"안 돼, 이건 내 거야 절대 못 놔!"

결국 원숭이는 열매를 움켜쥔 채 사람에게 붙잡히고 말았다. 잡힌 것은 손 때문이 아니라, 욕심 때문이었다.

손에 쥔 것만 놓으면 살게 되는 것을, 자유를 얻기 위해서는 손을 놓기만 하면 되었지만, 욕심이 그 손을 더 단단히 묶고 잡고 있었다. 욕심에 끝까지 열매를 움켜쥐고 결국은 멸망의 길로 가고 만다.

가장 지혜로운 자는 영원한 것을 위해 사는 자이고, 가장 어리석은 자는 잠깐의 욕심으로 영원한 것을 놓치는 자이다.

인도 고대 구전 민담

핵심 키워드: 욕심, 선택, 내려놓음, 자유

길라잡이

1. 원숭이는 왜 항아리에서 손을 빼지 못했나? 실제로 원숭이가 붙잡고 놓지 못한 것은 무엇이었나?

2. '조금 손해 보는 선택'이 왜 더 큰 자유가 될 수 있을까?

3. 여러분이라면 그 순간 손을 펼 수 있을까? 이유는 무엇인가?

4. 욕심은 언제 나를 도와주고, 언제 나를 가두나?

5. 다음 상황에서 항아리는 무엇이고, 열매는 무엇일까?

   이미 틀렸다는 걸 알면서도 사과하지 못할 때

   관계에서 손해 보기 싫어 양보하지 못할 때

   게임, 스마트폰을 놓지 못해 중요한 일을 미룰 때

1. 이야기 비유 풀기

이야기 속 대상	의미
항아리	욕심이 걸린 상황, 빠져나오기 어려운 선택
열매	내가 꼭 가져야 한다고 믿는 것
빠져나오지 못한 손	욕심에 묶인 마음

2. 욕심의 순간 돌아보기

나는 (　　　　　) 때문에 (　　　　　)을(를) 잃을 뻔한 적이 있다.

3. 선택 바꾸기 연습

다음 상황에서 '놓아도 괜찮은 것'은 무엇인지 적어 보자.

친구와의 다툼:

점수, 순위, 욕심나는 물건:

이기고 싶은 마음:

내가 손을 펴면, 무엇을 지킬 수 있을까?

※ 이 우화는 자유를 얻기 위해 해야 할 행동을 알고 있으면서도, 욕심 때문에 잘못된 선택을 하여 욕심이 어떻게 '덫'이 되는지 가장 직관적으로 보여 준다. 손에 쥔 것을 놓는 용기를 요구한다. 놓기 어렵고 잃을까 봐 손해 날까 봐 꽉 붙잡고 있는 것을 놓으라고 말한다.

* 욕심은 손을 쥐게 하지만, 자유는 손을 펼 때 찾아온다. 가지려는 마음은 손을 움켜쥐게 하고, 지혜는 손을 펼쳐 자유를 얻게 한다.

* 움켜쥔 손이, 나의 운명을 붙잡는다. 손을 펴면, 길이 열린다. 지금 내가 꼭 쥐고 있는 것은 정말 놓으면 안 되는 것일까?

* 지혜란 더 많이 가지는 것이 아니라 언제 놓아야 하는지를 아는 힘이며, 그 힘은 선택의 순간에 드러난다.

광에 들어간 여우

여우는 어느 날 우연히 광으로 통하는 작은 구멍을 발견했어요.

"어? 저 안에 먹을 게 많이 있잖아?"

구멍은 아주 비좁았지만, 눈앞에 먹을 것이 있는데 포기할 여우가 아니었지요. "조금만 더 힘을 주면 들어갈 수 있어."

여우는 몸을 납작하게 구겨 겨우 광 안으로 들어갔어요. 그 안에는 손질된 고기와 생선, 달콤한 과일이 가득했지요.

"고기는 담백하고, 생선은 비리지 않고, 과일은 정말 달콤해!"

여우는 닥치는 대로 마구 먹어 치웠어요. 배가 불룩해질 때까지, 더 이상 먹을 수 없을 때까지 말이에요. 배를 두드리며 여우가 말했어요. "아, 정말 잘 먹었다."

그때 밖에서 사람들의 목소리가 들려왔어요.

"사람들이다! 어서 도망쳐야 해!"

여우는 서둘러 들어왔던 구멍으로 나가려 했어요. 하지만 배가 구멍에 꽉 끼어 움직일 수가 없었지요.

"어? 왜 안 나가지? 아… 너무 많이 먹었구나."

여우는 다시 광 안으로 들어가 숨었어요.

"빠져나갈 방법은 하나뿐이야. 처음 들어올 때처럼, 배를 다시 홀쭉하게 만드는 수밖에."

여우는 그날부터 아무것도 먹지 않고 창 너머 어두워지는 하늘만 바라보며 버텼어요. 밤이 되어 배가 고파졌지만, 여우는 이를 악물고 참았어요.

"지금 배부름을 포기하지 않으면, 자유도, 목숨도 잃게 되겠지."

하루와 밤이 지나고, 이튿날 새벽 배가 다시 홀쭉해졌어요.

"됐다, 이제 나갈 수 있어."

여우는 조심스럽게 구멍을 빠져나와 숲으로 달아나며 말했어요.

"배부름은 잠깐이지만, 자유는 살아 있는 동안 계속되는 거야."

그 뒤로 여우는 먹을 수 있는 만큼만 먹는 여우가 되었다고 해요.

이솝우화

핵심 키워드: 욕심, 절제, 선택, 자유

길라잡이

1. 여우가 바로 밖으로 나오지 못한 이유는 무엇인가?

2. 여우가 결국 자유를 얻기 위해 선택한 행동은 무엇이었나?

3. '배부름'과 '자유' 중 여우는 무엇을 포기해야 했나?

4. 여우가 굶는 선택을 하지 않았다면 어떤 결말이 되었을까?

5. 참는 선택은 언제 지혜가 되고, 언제 어리석어질까?

6. '조금만 더' 하다가 문제가 생긴 경험이 있나?

　그 즐거움을 줄이면 얻을 수 있는 것은 무엇일까?

1. 이야기 비유 풀기

이야기 속 요소	뜻하는 것
광	욕심이 허락한 안전해 보이는 공간
좁은 구멍	제한된 기회, 빠져나가기 어려운 조건
불룩한 배	지나치게 채운 욕심
하루 동안의 굶음	절제와 기다림의 선택

2. 나의 '배부름' 돌아보기

내가 너무 많이 채우고 있는 것은 (　　　　　)이다.

그것 때문에 (　　　　　)이(가) 불편해질 때가 있다.

그것을 놓으면 (　　　　　)을 얻을 수 있다.

3. 선택 바꾸기 연습

다음 상황에서 '조금만 덜 가지는 선택'을 해 본다면 어떤 결과가 생길까?

	조금만 덜 가지는 선택 시 얻어지는 것
게임	
스마트폰	
간식	
경쟁	
성적	

지금 내 삶에서 조금 더 비워야 더 나은 삶으로 나아갈 수 있는 것이 있다면 무엇이 있을까?

※ 이 우화는 욕심이 외부에서 덫을 놓는 것이 아니라, '더 가지려는 마음'이 선택을 흐리는 순간 자신을 스스로 가두는 형태로 작동함을 잘 다루고 있다. '원숭이 잡는 이야기'가 놓지 못함의 이야기라면, '광에 들어간 여우' 이야기는 지나치게 채운 결과의 문제를 다룬다.

이 우화는 무지개 전체에서 이렇게 말한다. 욕심은 순간을 만족시키지만, 절제는 삶 전체를 풍요롭게 한다. 주황의 지혜는 덜 채워서 더 멀리 가는 힘이다.

통찰 긴 여운

* 가득 찼을 때가 가장 위험하다. 채우는 데는 용기가 필요 없지만, 비우는 데는 지혜와 용기가 필요하다.
* 붙잡고 놓지 못하는 욕심은 손을 묶고, 지나치게 채우려는 욕심은 길을 막고 스스로 가둔다. 내가 지금 채우고 있는 이것은 나를 살리고 있을까, 아니면 막고 있을까?

소탐대실

황금을 좇다 나라를 잃다

진나라 혜왕이 신하들을 불러 말했다.

"촉나라는 작지만, 그냥 두면 초나라와 손잡을 수도 있으니 방심할 수 없다. 그렇다고 군사를 보내기엔 산길이 너무 험한데 정벌할 방법이 없단 말인가?"

진의 신하가 말했다. "그렇다면 싸우지 않고 이기는 방법을 쓰셔야 합니다."

혜왕은 잠시 생각하다 미소를 지으며 말했다.

"촉왕은 욕심이 많다 하니 왕의 욕심을 이용하면 방법이 있겠구나!"

진나라는 소 모양의 조각상을 만들어 그 속에 황금과 비단을 숨기고, 사람들에게 소문을 퍼뜨렸다.

"진나라에는 쇠똥에서 금이 나오는 신기한 소가 있다. 진나라가 이 신기한 소를 촉나라에 선물하고 싶어 하는데 운반할 길이 마땅치 않아서 전달할 방법을 찾느라 애를 쓰고 있다고 한다."

이 소문은 곧 촉나라에 전해졌다.

"전하, 이는 분명 계략입니다. 진나라를 믿어서는 안 됩니다."

"금이 눈앞에 있는데 어찌 의심만 한단 말이냐?"

촉왕은 백성들을 동원하여 험한 산을 깎고 나무를 베어 내어 '황금의 소'를 맞을 길을 만들었고, 그 길로 진나라 사신이 도착했다. 촉왕이 그들을 맞으러 대신들과 함께 성문을 활짝 열고 나간 순간, 진나라 군사들은 숨겨 두었던 무기를 꺼내 들고 성안으로 밀려들었다. "촉왕을 포박하라!"

촉왕은 모든 것을 잃은 뒤에야 깨달았다. '눈앞의 작은 이익이 나라 전체를 삼켰다는 것을.'

『유주의 신론』

핵심 키워드: 욕심, 의혹, 행동

길라잡이

1. 진나라는 왜 군사를 바로 이용하기보다 계략을 먼저 사용했나?

2. 신하들의 경고를 촉왕은 왜 무시했나?

3. 촉왕은 무엇을 보았고, 무엇을 보지 못했을까?

4. 욕심은 왜 늘 '지금 당장' 얻으려고 할까?

5. 눈앞의 이익 때문에 장기적인 손해를 감수한 경험이 있나?

6. 결정을 앞두고 있을 때, 흔히 누구의 말을 듣고 누구의 말은 쉽게 무시하게 되는가?

디딤돌

1. 선택의 갈림길

촉왕이 선택할 수 있었던 다른 길을 써 보자.

그중 가장 지혜로운 선택은 무엇이었을까?

2. 말의 무게

촉왕이 신하의 말을 들었다면 얻을 수 있었던 것은 무엇이고 피할 수 있었던 것은 무엇일까?

3. 나의 통찰 문장

"진짜 이익이란 무엇인가?" 이 이야기를 통해 얻은 생각을 적어 보자.

※ 이 이야기는 잘못된 선택이 어떤 결과를 부르는가를 보여 준다. "지금 얻는 것"과 "지켜야 할 것" 사이의 잘못된 선택이 어떤 파국을 부르는지를 분명하게 보여 준다.

주황의 힘은 정답을 아는 데 있지 않고, 멈추어야 할 때를 아는 데 있다.

(통찰 긴 여운)

* 작은 이익을 붙잡으면 큰 가치를 놓친다. 지혜란, 무엇을 버릴 줄 아는 힘이다.
* 보이는 이익은 손을 흔들고, 보이지 않는 가치는 침묵한다.
* 지금 내가 얻으려는 이것은 나를 살리는 이익일까, 위험한 유혹일까?

우유 통에 빠진 개구리 세 마리

같은 위기, 다른 선택

연못에 살던 개구리 세 마리는 매일 똑같은 하루하루가 지겨워 사람들이 사는 마을로 놀러 갔다. 사람들이 밭일을 나간 사이 집 안으로 들어간 개구리들은 고소한 냄새가 나는 우유 통을 발견했다. "한 번만 맛보자!"

서로 먼저 먹으려다 그만 우유 통 속으로 풍덩 빠지고 말았다. 아무리 애를 써도 미끄러워서 빠져나올 수 없었다.

첫 번째 개구리는 움직이지 않았고 "이제 끝이야. 여긴 빠져나갈 수 없어" 하며 조용히 힘을 잃어 갔다.

두 번째 개구리는 발버둥 치며 한참을 헤엄치다가 결국 지쳐서 "아무리 해도 안 되잖아" 하며 포기했다.

"내가 냄새에 속은 건 맞아. 그래도 여기서 끝낼 수는 없어. 하늘이 무너져도 솟아날 구멍은 있을 거야."

세 번째 개구리는 쉬지 않고 천천히, 그러나 멈추지 않고 계속 허우적거렸다. 얼마나 지났을까. 발밑이 점점 단단해지는 것이 느껴졌다. 우유가 버터로 굳는 것이다. 열심히 노력한 결과 세 번째 개구리는 그 버터를 딛고 마침내 우유 통 밖으로 살아 나왔다.

탈무드

실험에서 양가죽으로 만든 주머니에 우유를 넣고 2명이 4시간 정도 계속 흔들어서 겨우 한 줌의 버터를 만들었다. 개구리가 얼마나 헤엄쳐야 버터가 만들어져 딛고 살아 나올 수 있었을까?

길라잡이

1. 세 번째 개구리는 탈출 방법을 알고 있었을까, 몰랐을까?

2. 세 번째 개구리는 어떻게 우유 통을 빠져나올 수 있었나? 이 이야기에서 가장 중요한 차이는 능력일까, 태도일까?

3. 포기와 휴식은 어떤 점이 다른가?

4. 계속 움직이는 것이 언제 지혜가 되고, 언제 위험해질까?

5. 내가 최근 빠졌던 '우유 통' 같은 상황은 무엇이었나?

6. 결과가 보이지 않을 때, 나는 보통 멈추나, 아니면 계속하나? 이때 나를 멈추지 않고 계속하게 하는 힘은 무엇인가?

디딤돌

1. 나의 '우유 통' 찾기

지금 나를 답답하게 하거나 멈추고 싶게 만드는 상황을 '우유 통'에 비유해 써 보자.

나의 우유 통은 (   )

우유 통에서 나오는 방법은? (   )

2. 행동 한 가지 정하기

결과가 보이지 않지만 지금 당장 할 수 있는 행동 한 가지를 적어 보자.

공부:

관계:

생활 습관:

크지 않아도 괜찮다. 멈추지 않는 것이 목표다.

3. 문장 완성하기

나는 결과를 몰라도 (　　　　　)을(를) 계속하겠다.

※ 잡지 말아야 할 것을 붙잡음(항아리 속 열매), 채우지 말아야 할 것과 과한 채움을 비워야 함(여우), 속지 말아야 할 것에 잘못된 선택(촉왕), 끝까지 지켜야 할 태도를 갖고 끝까지 움직이는 태도(개구리).

이 이야기는 '욕심과 선택'을 '의지와 지속'으로 확장하는 전환 우화이다. 결과나 재능이 아니라 멈추지 않는 태도 자체가 길을 만든다는 사실을 보여 준다.

방법은 모르겠지만, 지금 멈출 수는 없어, 끝이 보이지 않아도, 가만히 있을 수는 없잖아. 살아 나간 건, 똑똑해서가 아니라 계속 움직였기 때문이야. 방법을 알기 전에도 계속 움직일 수 있는가를 묻는 이야기이다. 주황의 의지는 결과를 믿는 힘이 아니라 과정을 버티는 힘이다.

* 위기는 멈추는 사람을 덮어쓰고, 움직이는 사람은 비껴간다.

* 노력은 결과를 보장하지 않지만, 포기는 결말을 확정한다.

* 방법이 보이지 않을 때 멈추지 않는 것이 가장 큰 용기다.

* 같은 위기라도, 멈추지 않는 사람에게는 다른 길이 열린다.

닭 도둑의 이론

조금씩 고치겠다는 말의 정체

춘추전국시대 때 양나라에서 있었던 일이다.

맹자가 양나라 혜왕에게 백성들에게 지워진 세금을 줄여 달라고 하자, 양 혜왕은 세금을 한꺼번에 크게 줄이는 건 어려우니, 올해는 조금만 줄이고, 내년에 가서 완전히 시행하면 어떻겠냐고 했다.

맹자는 잠시 생각하다가 "만약 어떤 도둑이 닭을 훔치다가 주인에게 걸리자, '당장 그만두지는 못하고 앞으로는 한 달에 한 마리씩만 훔치다가 내년에 가서 완전히 그만두겠습니다' 하면, 그 사람은 닭 도둑이 아닙니까?" 하고 반문했다.

양 혜왕은 "훔치는 것이 한 마리든 두 마리든 도둑은 도둑입니다"라 답하였고, 이에 맹자는 "맞습니다. 이미 잘못이라는 걸 알았다면 지금 당장 멈추는 것이 맞지, 왜 내년까지 기다려야 하겠습니까?" 하였다.

『맹자』등문공하

길라잡이

1. 도둑은 왜 '조금씩 줄이겠다'라고 말했을까? 맹자는 왜 그 말이 옳지 않다고 했을까?

2. '조금씩 고치겠다'라는 말은 언제 진심일까? 또 언제는 단순한 핑계가 될까?

3. 잘못을 알면서도 바로 멈추기 어려운 이유는 무엇일까?

4. 내가 자주 쓰는 미루는 말은 무엇인가? 지금 당장 나의 '작은 닭 도둑 행동'을 멈출 수 있는 것은 무엇이 있나?

디딤돌

1. 나의 미루는 말 찾기 ― 내가 자주 하는 말에 ○표 해 보자.

'조금만 더 있다가' (   )

'이번만 지나고' (   )

'상황이 좋아지면' (   )

이 말 뒤에 숨은 진짜 이유는 무엇인가?

2. 오늘 내가 멈추어야 할 것 한 가지 찾아 고쳐 보자.

내가 자주 반복하는 나쁜 습관: (   )

오늘 당장 멈출 수 있는 행동 하나: (   )

※ 이 이야기를 어떤 사람들은 잘못을 알면서도 미루는 선택을 뜻하는 '닭 도둑의 이론'이라고 부른다.

우리는 종종 "조금씩 줄이면 되지" "언젠가는 고칠 거야" "지금은 상황이 안돼"라고 말한다. 하지만 곰곰이 들여다보면 그 말의 속뜻은 이렇다. 고치기싫다. 익숙해서 바꾸기 불편하다. 지금 당장 행동하고 싶지 않다.

중요한 것은 '알고 있는가?'가 아니라 '지금 움직이는가?'이다. 옳고 그름을알았을 때 미루는 순간, 그것은 이미 하나의 신기루가 된다. 잘못을 고치는데 필요한 것은 완벽한 계획이 아니라, 지금 멈추겠다는 결심과 행동이다.'결단 없는 선의'에서 '행동하는 통찰'로 넘어가는 전환점 우화이다. 주황의용기는 지금 잘못을 멈추는 선택에서 시작된다.

통찰 긴 여운

* 결심했다면 내일이 아니라, 지금 바로 행동하는 것이 중요하다.
* 잘못은 나눠서 고칠 수 없다. 나는 지금 바로 잘못을 고치고 있는가, 아니면
   미루고 있는가?

손에 익으면, 특별해 보일 뿐이다

숙능생교(熟能生巧)

송나라에 진요자라는 사람이 있었다. 그는 동전 한가운데 구멍을 맞힐 만큼 활쏘기를 잘하는 명수였다. 사람들은 그의 솜씨를 보고 감탄했고, 진요자 역시 스스로 대단하게 여겼다.

어느 날, 그가 집 뜰에서 활을 쏘고 있을 때, 기름을 팔러 다니는 노인이 짐을 내려놓고 조용히 구경하고 있었다. 화살은 모두 과녁에 명중했다. 그런데도 노인은 놀라지도, 감탄하지도 않았다. 그저 고개만 끄덕일 뿐이었다.

진요자가 물었다. "그대도 활을 쏠 줄 아는가? 내 솜씨가 대수롭지 않다는 말인가?"

노인은 담담히 말했다. "아닙니다. 그대의 재주는 그저 손에 익었을 뿐이지요."

진요자는 기분이 상했다. "감히 내 활 솜씨를 그렇게 말하다니!"

그러자 노인은 말없이 호로병과 동전 하나를 꺼냈다. 동전을 병 입구에 올려놓고 그 위로 기름을 붓기 시작했다. 기름은 정확히 동전 구멍으로만 들어갔고, 동전 위에는 기름 한 방울도 묻지 않았다.

노인은 다시 말했다. "저 역시 특별한 솜씨는 아닙니다. 그저 손에 익었을 뿐이지요."

그제야 진요자는 웃으며 고개를 끄덕였다.

그는 깨달았다. 특별해 보이는 기교도 결국은 오래 쌓인 반복의 결과라는 것을.

『송사』와『귀전록』

길라잡이

1. 진요자는 왜 자신의 솜씨를 특별하다고 여겼을까? 기름 장수 노인은 왜 감탄하지 않았을까?
2. '손에 익었다'라는 말은 어떤 상태를 뜻할까?
3. 재능과 반복의 차이는 어디에서 드러날까?
4. 우리가 '재능'이라고 부르는 것 중 사실은 반복의 결과인 것은 무엇이 있을까?
5. 지금 내가 꾸준히 반복하고 있는 것은 무엇인가? 만약 1년만 더 반복한다면, 무엇이 달라질까?

디딤돌

1. 나의 '손에 익은 것' 찾기

처음엔 어려웠지만 지금은 생각 없이도 할 수 있는 일을 써 보자.

2. 내가 잘하고 싶은 것 하나를 선택해서 7일간 반복한 뒤 느낌을 적어 보자.

내가 선택한 일:

처음 느낌:

7일 뒤 느낌:

달라진 점:

3. 문장 완성

"나는 재능을 찾기보다,

(   )을(를) 갖기 위해 매일 반복 연습하겠다."

※ 이 이야기는 번뜩임이 아니라 쌓임, 재능이 아니라 축적된 시간에서 태어
난다. 한 번의 재능보다 매일의 반복, 깨달음보다 연습의 시간, 생각보다
몸에 밴 습관의 중요성을 요구한다.

'숙능생교는 어떻게 잘하게 되는가?'가 아니라, '어떻게 익숙해지는가?'를
묻는 이야기이다. 빨강의 지혜가 순간의 집중이라면, 주황의 지혜는 그 집
중을 매일 반복하여 몸이 기억하게 만드는 힘이다.

(통찰 후 긴 여운)

* 기교는 타고나는 것이 아니라 익어 가는 것이다.

* 잘하는 사람은 특별한 사람이 아니라 오래 노력한 사람이다.

* 시간을 이기는 기교는 없다. 매일 쌓인 것이 결국 실력이 된다.

볶은 참깨를 심은 사람

과정을 태우면, 싹도 함께 사라진다

옛날에 한 사람이 있었다. 그는 날깨를 한 알 집어 먹고는 고개를 저었다. "이건 맛이 별로네."

어느 날 볶은 깨를 먹었는데 고소한 향이 퍼지며 눈이 번쩍 뜨였다. "아, 이건 정말 맛있다!"

그때 그는 이런 생각을 했다. "그렇다면 말이야, 볶은 깨를 심으면 처음부터 맛있는 깨가 자라지 않을까?"

그는 일부러 깨를 볶아 밭에 정성껏 심었다. 그리고 기다렸다. 하지만 며칠이 지나도, 몇 주가 지나도 밭에서는 아무 일도 일어나지 않았다. 싹은 나지 않았다. 왜냐하면 볶은 씨앗에서는 애초에 생명이 자라날 수 없었기 때문이다.

『백유경』

길라잡이

1. 볶은 깨에서는 싹이 나지 않았다는 것은 어떤 선택을 비유하고 있나?

2. 지금 내가 택한 방법은 정말 씨앗을 살리는 선택일까?

3. 공부, 관계, 진로에서 '볶아 심은 깨' 같은 선택에는 무엇이 있을까?

4. 빨리 결과를 내고 싶어 과정을 포기했던 경험은 없나? 그 선택은 어떤 결과를 낳았나?

디딤돌

1. 나의 '볶은 깨' 돌아보기

내가 요즘 빨리 끝내고 싶어 과정을 줄이려 한 일은?

2. 선택 바꾸기

위에 선택한 일을 이루려면 반드시 꼭 거쳐야 할 과정은?

3. 문장 완성

나는 결과를 서두르기보다, (　　　　　)의 시간을 견디겠다.

※ 볶은 참깨를 심은 사람의 실패는 노력이 부족해서가 아니라 과정을 건너뛴 선택에 있음을 보여 준다. 참고, 견디고, 길러야 하는 과정이 힘들 때 사람들은 종종 이렇게 말한다. "이건 너무 오래 걸려", "조금 편한 방법은 없을까?" "결과만 빨리 얻으면 안 될까?" 하지만 그렇게 선택한 길은 처음

엔 쉬워 보이지만, 나중에는 성장할 힘 자체를 잃어버린다. 마치 볶은 깨를 심고 아무리 기다려도 싹이 나지 않는 것처럼 말이다.

※ 색 흐름 메시지

빨강: '불필요한 덧붙임'을 경계, 넘침을 경계하라.
주황: '필요한 과정을 없애려는 마음'을 경계, 조급함을 경계하라.
파랑: 흐름을 따르라.

주황은 노력의 중간 단계에서 흔들리는 마음, 조금이라도 편하게 가고 싶은 유혹이 가장 강한 색이다. 요행, 지름길, 편법이 아닌 반복, 기다림, 과정을 통해 성장하는 힘이 주황의 진짜 얼굴이다.

(통찰 긴 여운)

* 과정을 태워 버린 씨앗에서는, 열매가 자라지 않는다.
* 편한 선택은 빠를 수 있지만, 깊어질 수는 없다.
* 자라는 일에는 반드시 건너뛸 수 없는 시간이 있다.

사형을 면한 예언자의 한마디
질문을 바꾸면, 운명도 흔들린다

어느 날, 자칭 예언자라는 한 사람이 프랑스 왕 루이 11세 앞에 끌려 왔다. 불길한 예언으로 백성을 미혹시켰다는 이유로 이미 사형이 결정된 상태였다. 루이 11세는 그를 한참 바라보다가 직접 물었다.

"그대 말로는 다른 사람의 운명을 잘 맞힌다던데, 사실이냐?"

예언자는 고개를 숙였다. "예, 폐하. 제 예언은 지금까지 한 번도 어긋난 적이 없사옵니다."

왕의 눈빛이 날카로워졌다.

"그렇다면 묻겠다. 그대는 언제 죽을 운명인가?"

궁정 안의 공기가 단번에 얼어붙었다. 모두가 예언자의 최후를 기다리고 있었다. 예언자는 잠시 숨을 고른 뒤, 차분히 입을 열었다.

"제 운명은 정확히 알지 못하오나, 한 가지만은 분명히 알고 있습니다."

"무엇이냐?"

"저는 폐하께서 승하하시기 사흘 전에 죽을 것입니다."

순간, 왕의 얼굴이 굳었다. "뭐라고?"

예언자는 또렷이 반복했다. "저는 폐하보다 사흘 먼저 죽습니다."

루이 11세는 한동안 말을 잃었다. 그리고 천천히 손을 내저었다.

"이 자를 풀어 주어라."

오래 살고 싶었던 왕은 자기보다 사흘 먼저 죽을 운명이라고 말한 사람을 차마 죽일 수가 없었다. 그날, 예언자는 칼을 쓰지 않았다. 힘을 쓰지도 않았다. 단지 말의 방향을 바꿨을 뿐이었다.

루이 11세 일화에서

길라잡이

1. 왕은 왜 예언자를 죽이지 못했을까?

2. 예언자의 말은 사실이었을까요, 거짓말이었을까?

3. 정면 대응 대신 말의 방향을 바꿔 문제를 해결한 경험이 있나? 솔직함과 지혜의 경계는 어디에 있을까?

4. 갈등 상황에서 '맞서 싸우는 말' 대신 '구조를 바꾸는 말'을 쓰면 무엇이 달라질까?

디딤돌

1. 요즘 내가 정면으로만 맞서고 있는 문제는?

2. 질문 바꾸기 연습

나에게 닥친 어려운 문제를 이렇게 다시 묻는다면?

'이걸 이길 수 있을까?'에서 '다른 길은 없을까?'로.

3. 한 문장 정리

나는 다음에 막히는 일이 있으면, 힘보다 (   )을(를) 먼저 바꾸겠다.

※ 이 이야기는 왕의 권력에 맞서지 않고 질문의 구조 자체를 뒤집은 한마디로 살아남았다. 힘으로 밀어붙이지 않고, 정면 돌파 대신 사고의 틀을 바꾸어 길을 열었다.

욕심을 내려놓는 지혜, 조급함을 견디는 힘, 반복으로 쌓이는 기교, 그리고 관점을 바꾸는 재치 등 주황은 결국 "행동하기 전, 생각을 바꿀 줄 아는 색"이다. 막힌 길은 부수는 것이 아니라, 다르게 보고 푸는 순간 주황 단원의 지혜가 발휘된다.

통찰 긴 여운

* 힘을 이기는 것은 힘이 아니라, 힘의 방향을 변환시키는 것이다.
* 지혜는 정답을 말하는 것이 아니라, 질문을 바꾸는 능력이다.
* 막힌 상황은 부딪칠수록 단단해지고, 돌아가면 열린다.

이 팔은 누구의 팔입니까?

창호를 뚫은 것은 팔이 아니라, 생각이었다

조선 선조 때 영의정을 지낸 오성 이항복이 어렸을 때의 일이다.

어느 날, 오성네 집 하인들이 감나무에서 감을 따는데, 담 너머로 뻗은 가지의 감은 하나도 따지 않고 있었다.

오성이 "왜 저쪽 감은 안 따는 거야?" 하고 묻자, 하인 하나가 난처한 얼굴로 대답했다. "도련님, 저 감을 땄다가는 큰일 납니다. 옆집이 어디인지 아십니까? 그 유명한 권 판서 댁입니다."

오성은 잠시 생각하더니 아무 말 없이 옆집으로 향했다. 잠시 뒤, 권 판서 댁 사랑방. 책을 읽고 있던 권 판서 앞에 느닷없이 창호 사이로 팔 하나가 쑥 들어왔다. 권 판서가 놀라 고개를 들었다. "이게 무슨 일이냐?"

팔의 주인이 정중히 말했다. "대감님, 저는 이웃에 사는 이항복입니다. 한 가지만 여쭙고 싶습니다."

권 판서가 웃으며 말했다. "그래, 무엇이냐?"

항복이 "이 팔은 누구의 팔입니까?"

"네 팔이지, 방 안에 들어와 있어도 몸에 붙어 있으니 네 팔이지."

오성은 고개를 끄덕이며 조용히 마지막 질문을 던졌다.

"그렇다면 대감님, 담 너머로 뻗은 감나무 가지에 달린 감은 과연 누구의 것입니까?"

그제야 권 판서는 이 어린아이가 왜 팔을 들이밀었는지 알아차렸다.

핵심 키워드: 기지, 관점 전환, 논리의 역전, 예의 있는 설득

길라잡이

1. 오성은 왜 직접 따지지 않고 팔을 들이밀었을까?

2. 권 판서는 왜 오성의 질문을 듣고 곧바로 깨달았을까?

3. 이 이야기에서 버려야 할 생각은 무엇일까?

   1) '권세 있는 집의 것이니까 안 된다'라는 생각

   2) 공간이 나뉘면 소유도 완전히 달라진다는 고정관념

   3) 힘 있는 사람에게는 말이 통하지 않는다는 체념

4. 힘을 앞세우지 않고 대화로 문제를 해결한 경험이 있나?

5. 학교, 가정, 사회에서 '정면 항의' 대신 '질문의 전환'으로 풀 수 있는 문제는 무엇이 있을까?

디딤돌

1. 나의 '담' 찾기

   1) 내가 스스로 넘지 못한다고 믿어 온 경계는 무엇인가?

   2) 나는 주로 언제 스스로 담을 쌓는가?

2. 질문 바꾸기 연습

일상생활에서 문제에 부딪혔을 때 '왜 안 되지?'를 '이 논리대로라면 어떻게 될까?'로 바꿔 써 보자.

3. 한 문장 정리

'나는 다음에 갈등이 생기면, 따지기보다 (   )을(를) 먼저 상대에게 질문하겠다.'

※ 이 이야기는 힘과 권력에 맞서 싸우지 않고, 상대가 스스로 결론에 이르게 만든 질문을 통하여 사고의 구조를 바꾼 말의 힘을 보여 준다. 목소리를 높이지 않고 상대의 논리 안으로 들어가 길을 열었다.

지혜는 소리를 높이는 것이 아니라, 질문을 정확히 던지는 것이다. 정면으로 항의하는 대신에 상대의 논리를 그대로 사용해 설득하는 지혜를 사용했기에 주황 단원에 정확히 들어맞는다.

(통찰 긴 여운)

* 막힌 문제는 힘으로 밀면 더 막히고, 대화로 풀면 길이 열린다.

* 상대를 이기는 말은 공격적인 말이 아니라, 상대의 논리를 거울처럼 비춰 주는 질문이다.

* 담을 넘으려 하지 말고, 생각의 경계를 먼저 넘겨라. 경계는 담이 아니라 생각이 만든 것이다.

냄새 맡은 값에 소릿값

억지는 설명으로 깨지지 않고, 멈춰 보게 하면 깨진다

어느 마을에 욕심 많은 영감이 살고 있었다. 어느 날, 영감은 집 마당에서 생선을 노릇노릇 굽고 있었다. 고소한 냄새가 담장을 넘어 골목까지 퍼져 나갔다. 마침 그 길을 지나던 농부가 코를 킁킁거리며 말했다.

"아이고, 냄새 한번 참 좋네. 냄새라도 실컷 맡고 가야겠군."

그 말을 들은 영감이 뛰어나와 농부 앞을 가로막았다.

"어딜 그냥 가려느냐?"

"예? 냄새 좀 맡았을 뿐인데요."

"생선 냄새를 맡았으니 닷 냥을 내놔라. 귀한 생선에는 냄새에도 값이 있는 법이다!"

농부는 잠시 말이 막혔다. '이런 사람에게 말로 따져 봐야 소용없겠군. 꾀로 맞서는 수밖에.' 농부는 엽전 주머니를 꺼내 영감의 귀 옆에 대고 잘랑잘랑 흔들었다.

"자, 받으시오. 생선 냄새 맡은 값이오."

영감이 눈을 부릅뜨며 물었다. "이게 뭐냐?"

농부는 태연하게 대답했다.

"냄새를 맡았으니 당연히 값을 내야지요. 이건 비싼 돈의 소리요. 냄새 맡은 값에는 소릿값이면 충분하지 않겠습니까?"

영감은 엽전 소리만 들은 채 아무 말도 하지 못했다.

억지는 밀어내면 더 커지고, 비추면 스스로 무너진다.

전래동화

길라잡이

1. 영감은 왜 냄새 맡은 값을 요구했을까? 농부는 왜 실제 돈을 주지 않고 '소리'만 들려주었을까?

2. 농부가 진짜로 준 것은 무엇일까?

   1) 돈이 아니라 냄새 맡은 값의 기준을 되돌려준 행동

   2) 상대가 자기 억지를 스스로 느끼게 한 경험

3. 부당한 요구를 받았을 때 어떻게 대응할까?

4. 화를 내는 것과 재치로 되돌려주는 것 중 어느 것이 더 효과적일까?

5. 학교, 공동체, 온라인 공간에서 '냄새 맡은 값'을 요구받는 상황은 어떤 모습으로 나타날까?

디딤돌

1. 나의 '냄새 맡은 값' 돌아보기

내가 억지라고 느끼면서도 그냥 넘겼던 요구는 무엇이었는가? 지금이라면 어떻게 행동할까?

2. 되돌려주는 말 만들기

"그건 말이 안 돼요"라는 말 대신 상대방의 논리를 활용한 질문을 만드는 연습을 해 보자.

3. 한 문장 실천 선언

'다음에 억지를 만나면, 나는 화 대신 (　　　) 하겠다.'

※ '이 팔은 누구의 팔입니까?'는 상대 논리로 설득하는 질문, '냄새 맡은 값에 소릿값'은 상대 억지를 그대로 비추는 거울.

주황은 '이길 것인가, 참을 것인가'의 선택이 아니라 상대를 자기가 던진 말에 걸려들게 만드는 색이다. 참는 색도, 터뜨리는 색도 아니다. 상대를 스스로 돌아보게 만드는 색이다.

주황의 지혜란 상대를 말로 이기려 하지 않고, 상대가 자기 말을 다시 듣게 되돌려주는 말을 한다.

(통찰 긴 여운)

* 억지에는 설명보다 상대 스스로 보게 하는 거울이 필요하다.
* 재치는 상대의 논리를 그대로 되돌려주는 힘이다.
* 지혜로운 사람은 화를 내지 않고, 웃으며 상대를 돌아보게 만든다.

주황 단원 마무리

주황 단원은 재능을 말하지 않고, 속도를 자랑하지 않으며, 오직 방식, 방향, 반복, 끈기를 가르친다. 그래서 이 단원은 가장 실천적인 지혜의 장이다.

■ 주황색 단원 이야기 흐름

1. '막힘'을 경험하게 하는 우화

'열심히 하는데 왜 안 될까?'를 생각하게 한다.

우화	역할
장대 들고 성문 들어가기	힘과 집중의 한계 노출
볶은 참깨를 심은 사람	과정을 생략하려는 조급함

* 주는 메시지: 문제는 노력이 부족해서가 아니라, 노력이 엉뚱한 방향으로 향하고 있을 수 있다.

2. 관점 전환의 결정적 순간을 보여 주는 우화

'부수지 않아도 길은 있다.'

우화	역할
소탐대실	상대의 욕심을 이용
사형을 면한 예언자의 한마디	질문 구조 변환 — 고리 걸기
이 팔은 누구 팔입니까?	상대 논리로 설득
냄새 맡은 값에 소릿값	억지를 거울로 반사

* 주는 메시지: 막힌 문제는 부숴서가 아니라, 방향을 바꿀 때 열린다. 토론, 논증, 사고력 훈련의 핵심 부분이다.

3. 실천과 몸의 지혜로 내려오는 우화

이제는 '알겠다'가 아니라 '한다'.

우화	핵심 의미
숙능생교	반복은 기교를 키운다.
닭 도둑의 이론	미루는 결심의 위험

* 주는 메시지: 지혜는 깨닫는 순간이 아니라, 매일의 행동 속에서 완성된다.

볶은 참깨를 심은 사람	과정을 건너뛰면 열매도 없다.
장대 들고 성문 들어가기	방향을 바꾸면 길이 열린다.
사형을 면한 예언자의 한마디	질문을 바꾸면 운명이 바뀐다.
이 팔은 누구의 팔입니까?	상대 논리로 설득하라.
냄새 맡은 값에 소릿값	억지는 거울로 되돌려주어라.
숙능생교	기교는 시간을 지나며 깊어진다.
닭 도둑의 이론	미루는 순간, 잘못된 선택이다.

■ 주황 단원의 사고 변화의 3단계 흐름

단계	사고 상태	핵심 질문
1단계	밀어붙이는 생각	"왜 안 되지?"
2단계	멈춰 서는 생각	"혹시 방식이 틀렸나?"
3단계	전환된 생각	"방향을 바꾸면?" 답이!

■ 지혜는 힘을 쓰는 법이 아니라, 힘을 쓰지 않아도 되는 방법을 알아내는 것이다.

"막힌 문제 앞에서 질문을 바꿀 수 있을 때, 삶도 생동하기 시작한다."

노랑: 관찰하고 생각하다

감각 → 단서 → 논리

■ 단원 핵심 통찰

보이지 않아도 흔적은 말해 준다. 보는 힘보다 중요한 것은, 흔적을 찾아 연결해서 생각하는 힘이다.

■ 단원 서문

보지 못했다고 해서 알 수 없는 것은 아니다. 자세히 보면, 흔적은 늘 남아 있다. 이 단원의 이야기들은 눈보다 먼저 생각이 움직이는 순간을 보여 준다.

■ 단원 결론

'눈앞의 눈썹을 볼 수 있는가?' 묻고, 양초의 작은 불빛으로 방을 가득 채우고, 질문의 방향을 살짝 바꾸는 아주 작은 행위들이 문제 해결의 열쇠가 된다.
관찰은 단순히 보는 것이 아니라, 의미를 연결하는 힘이다.
지혜는 갑자기 나타나지 않는다. 차분히 바라보고 연결하고 의미를 부여하는 사람에게만 찾아온다.

공부하기 제일 좋은 나이는 언제일까?

촛불이라도 켜는 사람

진나라의 임금 평공이 눈이 보이지 않는 음악가 사광과 이야기를 나누고 있었다. 평공은 깊은 한숨을 쉬며 말했다.

"내가 벌써 일흔이네. 공부를 해 보고 싶긴 한데, 이제는 너무 늦지 않았을까?"

사광은 잠시 생각하더니 조용히 물었다.

"임금님, 그렇다면 왜 촛불을 켜지 않으십니까?"

평공의 얼굴이 굳어졌다.

"지금 나를 놀리는 것인가? 신하가 감히 군주를?"

사광은 놀라 급히 자리에서 일어나 예를 갖추었다.

"아닙니다, 임금님. 앞도 보지 못하는 제가 어찌 그런 무례를 저지르겠습니까? 사람들은 이렇게 말합니다. 소년의 배움은 떠오르는 태양 같고, 청년의 배움은 한낮의 햇빛과 같으며, 노년의 배움은 작은 촛불과 같다고요. 하지만 임금님, 촛불이라도 켜고 가는 것이 아무 불도 없이 어둠 속을 더듬는 것보다는 낫지 않겠습니까?"

평공은 한참 말이 없었다. 그리고 천천히 고개를 끄덕였다.

"과연 그렇구나. 참으로 옳은 말이야."

그날 이후, 평공은 배움을 멈추지 않았다.

유향의 『설원』 건본 편

핵심 키워드: 배움, 나이, 꾸준함, 깨달음

길라잡이

1. 평공은 왜 자신이 공부하기에 늦었다고 느꼈을까?

2. 사광은 왜 '촛불'이라는 비유를 사용했을까?

3. 촛불 같은 배움은 태양 같은 배움과 무엇이 다를까?

4. 배움의 '밝기'와 '방향' 중 더 중요한 것은 무엇일까?

5. 우리가 "늦었다"라고 말할 때, 실제로 늦은 것은 무엇일까?

6. 평생학습이 중요하다고 말하면서도 실천이 어려운 이유는 무엇일까?

디딤돌

1. 내 삶의 빛 비유하기

지금 나의 배움 상태는 어떤 빛에 가까운지 선택하고, 이유를 한 문장으로 써 보자. (예: 태양, 촛불, 달빛, 별빛, 용광로 빛 등)

2. 촛불 하나 계획표

지금 배우고 싶은 것을 한 가지 적고, 하루 10분이라도 공부 계획 세우기 (아무리 빛이 작아 보여도, 일단 시작하는 게 중요하다.)

※ '공부하기 제일 좋은 나이는 언제이며, 배움의 빛은 얼마나 밝아야 의미가 있을까?' 이 우화는 '배움은 젊은 사람만의 특권이 아니다'라는 메시지로 책 전체의 성장 철학과 평생 배움의 방향을 확장해 준다. 공부에 지친 학생에게는 다시 켜는 불씨가 되고, 배움을 미루는 어른에게는 변명의 벽을

낮추며, 평생학습을 이야기하는 사람에게는 가장 따뜻한 위로가 된다.

배움의 시기나 배움은 나이가 아니라, 배움의 마음을 묻는다. 마음이 움직이는 순간, 빛은 이미 켜진 것이다. '지금 알아차리는 순간 켜지는 빛'을 상징하는 이야기라 노랑에 잘 어울린다.

통찰 긴 여운

* 공부하기 가장 좋은 나이는 지금, 마음이 움직였을 때다.
* 배움은 밝기보다 방향이다. 늦은 배움이란 없다. 꺼진 마음만 있을 뿐이다. 꼭 태양 빛이 아니어도 길은 보인다. 촛불보다 작은 불 하나도 주변을 밝힌다.

아이와의 약속

말은 가르침이 되고, 행동은 기준이 된다

"나도 갈래요!" 아이가 울며 매달리자, 증자의 아내는 잠시 생각하다 말했다. "집에 있어라. 장에 갔다 돌아오면 돼지를 잡아서 고기 삶아 줄게." 아이는 울음을 그쳤고, 아내는 장으로 향했다.

그런데 집에 돌아와 보니, 마당에서 증자가 돼지를 잡고 있었다. "여보, 설마 그 말을 진짜로 지키려는 겁니까?"

증자가 고개를 들고 말했다.

"아이에게는 헛말을 해서는 안 되오. 아이는 아직 모른다고 생각하겠지만, 부모의 말은 아이에게 기준이 됩니다. 말을 지키지 않으면, 우리는 거짓을 가르치게 되지요."

그날, 아이는 고기를 맛있게 먹었고, 말과 행동은 같아야 한다는 것을 마음에 새겼다.

『한비자』 외저설(좌상)

길라잡이

1. 아내는 왜 돼지를 잡아 고기를 삶아 주겠다고 말했을까?

2. 증자는 왜 그 말을 그냥 넘기지 않았을까? 아이는 이 장면을 통해 무엇을 배우게 되었을까?

3. 말로 가르치는 것과 행동으로 가르치는 것 중 어느 쪽이 더 강할까? 약속을 지키지 않는 말은 왜 문제일까?

4. '아이에게 한 말은 가볍게 넘겨도 된다'라는 생각에 대해 어떻게 생각하는가? 어른의 말이 아이에게 '기준'이 되는 순간은 언제일까?

디딤돌

1. 헛말과 약속 구분하기

다음 말 중 지켜지지 않으면 문제가 되는 말에 ○표 해 보자.

	○	이유를 한 문장으로 쓰기
조금만 기다려.		
내일 꼭 같이 하자.		
다음에 사 줄게.		
이번만 봐줄게.		

2. 말 → 행동으로 바꾸기

내가 자주 하는 말 하나를 떠올려 보자.

나는 (　　　　　)을(를) 할 거야.

이 말을 오늘 실천할 수 있는 행동으로 바꾸어 보자.

오늘 나는 오는 (　　　　　)을(를) 실천하겠다.

3. 믿음은 어디서 생길까?

다음 중 믿음을 더 갖게 만드는 것은 무엇인가? 하나를 고르고 이유를 써
보자.

1) 잘 설명하는 말

2) 반복되는 행동

3) 약속을 지키는 모습

※ 이 우화의 핵심은 '말의 도덕성'과 '신뢰의 형성'이다. 이야기 속에서 증자
는 아이에게 말을 지키는 어른의 태도 자체가 가르침임을 보여 준다. '내
말은 누군가에게 어떤 기준이 되는가?'에 가장 직접적인 답이 될 수 있다.
말의 무게를 처음 느끼는 학생에게는 기준을 세워 주고, 가볍게 말해 왔던
어른에게는 침묵하게 만드는 거울이 된다. 말은 지나가지만, 그 말이 만든
기준은 오래 남는다.

'아이와의 약속'은 '생각 → 판단 → 책임'을 가장 분명히 드러내며, 말의 실
천이 신뢰를 만드는 출발점임을 보여 주는 노랑 단원의 핵심 우화다.

* 약속은 작아도, 그것을 지키는 어른의 태도는 아이의 평생을 만든다.

* 말은 약속이 되고, 약속은 믿음을 만든다. 아이에게 한 말은 사라지지 않는다. 그 말은 아이의 기준이 된다.

* 부모의 말은 아이에게 가르침이 되고, 부모의 행동은 아이에게 평생 남는 기준이 된다.

목숨보다 소중한 돈

중국 영주 지방 사람들은 대체로 물을 잘 다루었다. 강이 가까웠고, 헤엄은 그들에게 삶의 일부였다. 어느 날, 홍수가 나 강물이 갑자기 불어나 마을이 물에 잠겼다. 사람들은 나룻배를 타고 피신하려 했다. 강 한가운데서 거센 물결에 배가 뒤집히고 말았다.

"언덕으로 가자!"

모두가 필사적으로 헤엄쳤다. 그런데 한 사나이는 아무리 팔다리를 저어도 앞으로 나아가지 못했다. 앞서가던 친구가 외쳤다.

"왜 그러느냐? 평소엔 네가 헤엄을 제일 잘 치잖아!"

사나이는 숨을 헐떡이며 말했다.

"허리에 동전을 찼는데, 너무 무거워서 몸이 가라앉는다."

"그럼 버려!" "당장 버려라!"

하지만 사나이는 고개를 저었다. 언덕에 오른 친구들이 다시 외쳤다. "이 어리석은 사람아! 돈이 목숨보다 귀하냐?" "죽고 나면 그 돈이 무슨 소용이냐!"

사나이는 아무 말도 하지 않았다. 다만 허리를 더 꽉 움켜쥐었다. 잠시 후, 물 위로 거품이 몇 번 일었다. 그리고 아무것도 남지 않았다. 강물은 다시 흘렀고, 사나이는 동전과 함께 가라앉았다.

『유하동집』

길라잡이

1. 사나이는 왜 헤엄을 제대로 치지 못했나?

2. 친구들은 어떤 조언을 했나?

3. 돈을 버리지 못한 이유는 욕심일까, 다른 두려운 것이 있어서일까?

4. 오늘날에 '놓지 못해 더 큰 것을 잃는' 사례에는 어떤 것들이 있을까?

5. 경쟁 사회에서 '버리면 지는 것'처럼 느껴지는 것은 무엇이 있을까?

6. 지금 내가 과감히 내려놓아야 할 것은 무엇이 있을까?

디딤돌

1. 비교 문장 쓰기

사나이가 지키려 한 것 (　　　　) ↔ 사나이가 잃은 것 (　　　　),

그 이유:

사랑 ↔ 평화: 더 중요한 것 (　　　　), 그 이유는

성공 ↔ 건강: 더 중요한 것 (　　　　), 그 이유는

2. 내 삶에 적용하기

아래 중 하나를 골라, 이것을 붙잡느라 내가 놓치고 있는 다른 중요하게
생각하는 것은 무엇인지 써 보자.

시험 점수, 친구 관계, 돈, 자존심, SNS 평가

**3. 내가 끝내 놓지 못하는 것이 나를 가라앉힌다. 이 문장에 동의하는지, 동
의한다면 그 이유를 써 보자.**

※ 이 우화는 '무엇을 붙잡을 것인가 이전에, 무엇을 놓아야 하는가?'를 묻는
노랑 단원의 경고등 같은 이야기다.

(통찰 긴 여운)

* 사람을 살리는 것은 가지고 있는 것이 아니라, 집착하는 무언가를 버릴 줄
아는 지혜다.

* 잘못된 선택의 잘못된 결과는 갑자기 일어나지 않는다. 놓지 못한 생각의
무게를 견디지 못해서 서서히 사람을 가라앉힌다.

* 우리는 정말 돈을 사랑해서가 아니라, 잃는 것이 두려워서 붙잡고 있는 건
아닐까?

소금만 먹은 사람

"음식이 왜 이렇게 싱겁소?"

어떤 사람이 음식점에서 음식을 맛보고는 불평했다.

주인은 웃으며 말했다. "아, 소금을 조금 넣어 드리지요."

주인은 음식에 소금을 살짝 뿌렸다. "이제 드셔 보시오."

그가 한 숟갈을 떠먹더니 눈이 번쩍 뜨였다.

"오! 이거군요. 이제야 맛이 납니다."

그는 속으로 중얼거렸다. '아하, 음식 맛의 비결은 소금이었어. 조금 넣었는데도 이렇게 맛있다니, 그렇다면 많이 넣으면 얼마나 더 맛있을까?'

그는 고개를 끄덕이며 음식은 놔두고 소금만 집어 먹기 시작했다.

"바로 이 맛이지, 이게 바로 맛의 근원이었구나."

한 입, 두 입. 곧 입안이 타들어 갔다. 목은 마르고, 혀는 마비된 듯했다. "왜 이렇게 맛이 없어졌지? 아까는 분명 좋았는데."

집에 돌아온 그는 결국 아무것도 먹지 못하고 앓아눕고 말았다.

사람들이 찾아와 물었다.

"음식이 그렇게 맛있었다면서, 왜 병이 났소?"

그는 마른 입술을 움직여 대답했다.

"맛의 비결이 소금인 줄 알았지요. 그래서 소금만 먹었습니다."

사람들이 고개를 갸웃했다.

"소금은 음식에 적당히 넣어야 맛이 나는 것 아니오?"

"그러게나 말입니다. 소금은 주인공이 아니라, 조연인데요."

『백유경』

길라잡이

1. 이 사람이 처음에 소금을 넣고 음식이 맛있어졌던 이유는 무엇이었나? 그는 왜 소금만 먹게 되었을까?

2. '맛의 비결'과 '맛 그 자체'는 무엇이 다른가?

3. 우리 삶에서 '소금 같은 것'에는 무엇이 있을까?

   (돈, 성적, 인기, 스마트폰, 규칙, 칭찬 등)

4. 왜 좋은 것도 지나치면 문제가 될까?

5. 노력, 자기 계발, 성공이 '소금만 먹는 상황'이 되는 때는 언제일까?

디딤돌

1. 소금 찾기

다음이 '소금 같은 역할'을 하는 때는?

(다음: 공부, 게임, 돈, 휴식, 규칙, 경쟁)

이것들이 너무 지나칠 때 생기는 문제는?

2. 중용의 온도계

	너무 적을 때 문제점	적당할 때 좋은 점	너무 많을 때 문제점
공부			
저금			
운동			
휴식			

3. 한 문장 정리

이 우화의 교훈은 "(　　　　)은(는) (　　　　)일 때 가장 좋다."

※ 이 우화는 부분의 진리를 전체로 착각하는 오류를 보여 준다. 좋은 것이라고 해서 많을수록 좋은 것은 아니며, 좋은 것도 도를 넘으면 독이 된다. 판단은 늘 '정도'를 물어야 한다. 이 이야기를 읽으면 고개를 끄덕이게 된다. '아, 나도 이런 적 있었지.' 소금은 분명 필요했다. 하지만 소금만 먹는 순간, 맛은 사라지고 고통만 찾아온다. 문제는 소금이 아니다. 적당함을 넘는 행동이었다.

이 이야기는 노랑 단원이 다루는 균형 상실, 과잉, 중용의 부재를 가장 명확히 드러낸다.

* 모든 맛은 어울릴 때 완성되고, 어떤 것도 혼자서는 완전하지 못하다.

* 나는 지금, 음식을 먹고 있는가, 아니면 소금만 집어 먹고 있는가?

* 좋음은 많음에 있지 않고, 알맞음에 있다. 지식도 노력도 욕심도 균형을 잃으면 독이 된다. 필요한 것이 나를 살리고, 지나친 것이 나를 병들게 한다. 노랑의 지혜는 더하는 힘이 아니라, 멈출 줄 아는 판단이다.

사탕수수에 사탕수수즙을 부은 사람

"더 맛있는 사탕수수를 거두는 사람은 상을 받고, 덜 맛있는 사탕수수를 거두는 사람은 벌칙을 받는다."

두 사람이 사탕수수를 심으며 굳게 약속했다.

"공평하게 하자." "결과로 판단하자."

며칠 뒤, 그중 한 사람이 생각했다. "사탕수수는 원래 달지. 그런데 이 달콤함은 어디서 나오는 거지?"

잠시 생각하던 그는 고개를 끄덕였다.

"아하, 즙 때문이다. 그렇다면 단 사탕수수즙을 사탕수수 나무에 주면 더 달아질 게 틀림없어."

그는 사탕수수를 눌러 즙을 짜냈다. 그리고 그 액즙을 사탕수수밭에 부어 주었다.

"이제 곧 최고의 사탕수수를 거둘 수 있을 거야."

기대에 부풀었다. 시간이 흘렀다. 그런데 사탕수수는 자라지 않았다. 뿌리는 썩고, 줄기는 말라 갔다.

사람들은 이렇게 말한다. 행복을 바라면서 힘과 권력을 앞세워, 남의 재물을 빼앗아서 재물을 쌓으면서 좋은 결과를 기대한다.

그러나 이것은 사탕수수즙으로 사탕수수를 기르려는 것과 같다.

『백유경』

길라잡이

1. 이 사람은 왜 사탕수수즙을 짜서 밭에 부었나?

2. 결과만 흉내 내서 성과를 내려는 사회에는 어떤 문제가 생길까?

3. 성적, 조회 수, 성과 지표에 집착할 때 우리는 무엇을 잃게 되는가?

디딤돌

1. 결과를 얻을 수 있는 원인 찾기

칭찬을 받고 싶어서, 나는 (   )을(를) 했다.

성공하고 싶어서, 나는 (   )을(를) 했다.

인정받고 싶어서, 나는 (   )을(를) 쌓았다.

※ 이 우화는 결과를 원인으로 착각하는 지점, 겉으로 드러난 성과에 집착하는 오류를 다룬다. 무엇을 재촉할 것인가가 아니라 무엇을 먼저 돌아볼 것인가를 배우게 한다.

* 사탕수수는 사탕수수즙으로 자라지 않는다. 땅속 보이지 않는 튼튼한 뿌리로 자란다.

* 원인을 무시한 결과는 근본과 열매를 함께 잃게 만든다. 내가 믿고 있는 기준은 정말 원인인가, 아니면 결과인가?

* 보이는 결과를 서두를 때, 우리는 가장 중요한 것을 잃고 허둥대게 된다. 좋은 열매를 얻으려면, 보이지 않는 뿌리에 투자하라. 보이는 결과가 아니라, 보이지 않는 원인에 집중하라.

제 눈의 눈썹은 보지 못한다

목불견첩(目不見睫)

옛날 초나라에 용맹한 장왕이 있었다. 그는 이웃 월나라가 약해졌다는 말을 듣고 군사를 일으키려 했다.

"월나라는 기운이 다했다. 지금이 기회야."

그때 평소에 직언을 잘하는 두자가 앞으로 나서며 물었다.

"전하, 눈은 무엇을 가장 잘 봅니까?"

왕이 답했다. "앞에 있는 것들을 잘 본다."

두자가 다시 물었다. "그렇다면 눈은 눈썹도 잘 봅니까?"

왕은 잠시 침묵하다가 말했다. "아니, 보지 못한다."

두자는 고개를 끄덕이며 말했다.

"사람의 지혜가 바로 그렇습니다. 백 보 밖의 허물은 보면서 자기 눈 위의 눈썹은 보지 못합니다."

왕은 얼굴을 찌푸렸다. "그 말이 무슨 뜻이냐?"

두자는 담담하게 답했다.

"전하께서는 월나라의 약함은 잘 보시면서 어찌 초나라 안의 어지러움과 군사의 쇠약함은 보지 못하고 계십니까?"

왕은 그제야 깨달았다.

"먼 것을 보느라 가까운 것을 잊고 있었구나."

그날 이후 장왕은 먼 나라를 노리기보다 자기 나라를 먼저 살피기 시작했다.

『한비자』 유로 편

* 눈은 눈썹을 보지 못한다는 뜻으로 남의 허물은 잘 보면서 자신을 제대로 보지는 못하는 것을 비유할 때 사용한다.

핵심 키워드: 성찰, 분별, 자기 돌아봄

길라잡이

1. 두자는 왜 '눈과 눈썹'의 비유를 들었나?

2. 왜 사람들은 자기 문제를 보려 하지 않고, 남의 문제에 관심이 많을까?

3. 충고를 해 주는 사람이 없다면, 우리는 어떻게 자신을 돌아볼 수 있을까?

4. 뉴스, 댓글, 평가 속에서 우리는 누구의 눈썹을 보고 있나?

5. 나를 돌아보게 만들어 줄 한 사람은 누가 있을까?

디딤돌

1. '시선의 방향 바꾸기'

1) 요즘 내가 가장 많이 비판하는 대상은 (　　　　)이다.

그 대상을 많이 비판하는 이유는 (　　　　) 때문이다.

그런데 돌아보면 내가 먼저 (　　　　)을(를) 고쳐야 할 것 같다.

2) 요즘 내가 가장 많이 갖고 싶은 것은 (   )이다.

(   )을(를) 갖고 싶은 이유는 (   ) 때문이다.

그런데 그것을 얻으려면 내가 먼저 (   )을(를) 해내야 할 것 같다.

※ 이 우화는 판단의 오류가 어디서 시작되는지 시선이 밖으로만 향할 때 생기는 위험을 드러낸다. 결과를 잘못 보는 이유는 대개 자신을 먼저 보지 않기 때문이다.

* 눈은 멀리 보는 것을 자랑하지만, 지혜는 가까운 것부터 살피라고 이야기한다. 지혜는 멀리 보는 눈이 아니라, 자신을 먼저 돌아보는 눈이다. 판단하기 전에, 먼저 다른 사람이 나의 무엇을 보고 있는가를 살피자.
* 사람이 가장 늦게 보는 것은 남의 허물이 아니라 자기 얼굴 위의 밥알이다.
* 분별의 진정한 힘은 밖이 아니라 안을 살피는 것에서 시작된다.
* '무엇이 문제인가'보다 '나는 어디를 보고 있는가?'를 먼저 물어야 한다.

남을 심판하지 마라

"남을 심판하지 마라. 그러면 너희도 심판받지 않을 것이다. 남을 단죄하지 마라. 그러면 너희도 단죄받지 않을 것이다. 용서하여라. 그러면 너희도 용서받을 것이다. 주어라. 그러면 너희도 받을 것이다. 누르고 흔들어서 넘치도록 후하게 되어 너희 품에 담아 주실 것이다. 너희가 되질하는 바로 그 되로 너희도 되받을 것이다."

예수님께서는 비유를 들어 그들에게 이르셨다.

"눈먼 이가 눈먼 이를 인도할 수야 없지 않으냐? 둘 다 구덩이에 빠지지 않겠느냐? 제자는 스승보다 높지 않다. 그러나 누구든지 다 배우고 나면 스승처럼 될 것이다. 너는 어찌하여 형제의 눈 속에 있는 티는 보면서, 네 눈 속에 있는 들보는 깨닫지 못하느냐? 네 눈 속에 있는 들보는 보지 못하면서, 어떻게 형제에게 '아우야! 가만, 네 눈 속에 있는 티를 빼내 주겠다' 하고 말할 수 있느냐? 위선자야, 먼저 네 눈에서 들보를 빼내어라. 그래야 네가 형제의 눈에 있는 티를 뚜렷이 보고 빼낼 수 있을 것이다."

루가 6,37-42

길라잡이

1. 예수님은 왜 "심판하지 말라"고 하셨을까?

2. '눈먼 사람이 눈먼 사람을 인도한다'라는 비유는 무엇을 말하고 있나?

3. 판단과 분별은 어떤 점이 같고, 어떤 점이 다른가?

4. 누군가를 바로잡고 싶을 때, 가장 먼저 점검해야 할 것은 무엇일까? (내 눈의 들보는?)

5. 댓글, 평가, 비교 속에서 우리는 어떤 '자'를 사용하고 있나?

디딤돌

1. '판단 멈춤 3단계'

다음 순서에 따라 자신의 최근 경험을 돌아보자.

1) 내가 남을 판단했던 말이나 행동은 무엇이 있나?

2) 그때 내 마음속 '들보'는 무엇이었나?

3) 지금 다시 그 상황이라면, 나는 어떻게 말하거나 행동할까?

심판 → 성찰 → 분별의 순서를 직접 경험해 보자.

※ 이 말씀은 왜 판단이 쉽게 위선이 되는지, 왜 충고가 상처가 되기도 하는지 그 근본 원인을 정확히 짚어 준다. 먼저 '자신을 돌아보지 않으면, 어떤 판단도 눈먼 이의 인도다'라는 분명한 기준을 제시한다. 잘못된 판단의 뿌

리는 대개 성찰 없는 정의감이다.

이 말씀은 우화집 전체에서 '자기 성찰의 기준점' 역할을 한다. 독자는 이 지점에서 판단을 멈추는 법을 처음으로 배운다.

내 눈의 들보 → 성찰 없는 판단의 위험, '판단의 윤리에는 반드시 순서가 있다'로 완성된다.

* 남의 눈에 난 티는 쉽게 보이지만, 내 눈의 들보는 가장 늦게 보인다. 그래서 지혜는 말하기 전에 멈추고, 고치기 전에 돌아보는 데서 시작된다.

* 남을 바로잡기 전에, 먼저 자신을 바로 세워라. 판단은 빠르지만, 성찰은 늘 늦게 온다.

* 지혜는 판단의 칼이 아니라, 자신을 비추는 거울에서 시작된다.

개 밥그릇에 욕심이

개보다 값진 그릇

시골의 작은 식당에 한 골동품 장사가 들어왔다. 문간에서 개 한 마리가 밥을 먹고 있었는데 장사의 눈이 번쩍 뜨였다. '저건 보통 그릇이 아니야.' 그릇은 낡아 보였지만 수백 년은 되었을 법한 귀한 골동품이었다. 장사는 그 밥그릇을 사고 싶었지만, 주인이 팔지 않을 것 같아서 나름 꾀를 냈다.

장사: 주인장, 저 개를 좀 팔겠습니까?

주인: 개요? 얼마를 주시려고요?

장사: 백만 원이면 어떻습니까?

주인은 잠시 생각하더니 고개를 끄덕였다.

장사: 예, 좋습니다.

백만 원을 주고 개를 산 뒤, 장사는 슬쩍 말을 꺼냈다.

장사: 개 밥그릇도 함께 주시면 안 될까요?

주인은 웃으며 고개를 저었다.

주인: 안 됩니다.

장사: 왜요? 개도 팔았는데. 이제, 개 밥그릇은 필요 없지 않나요?

주인: 그 밥그릇 덕분에 개를 백 마리는 더 팔았거든요.

웃고 나서야 깨닫는다. 지혜는 늘 한 박자 늦게 찾아온다는 것을.

구전동화

길라잡이

1. 골동품 장사는 왜 밥그릇을 바로 사려 하지 않았나?

2. "개를 백 마리 더 팔았다"라는 말에는 어떤 뜻이 담겨 있나?

3. 오늘날에도 '값은 싸 보이지만, 가치는 큰 것'에는 무엇이 있나?

디딤돌

1. 윗글에서 진짜 주인공은 누구라고 생각하나. 그 이유를 써 보자.

장사: ______

음식점 주인: ______

개(개 밥그릇): ______

2. 말의 숨은 뜻

주인의 말: 그 '밥그릇 덕분에 개를 백 마리는 더 팔았거든요.'

이 말이 왜 웃기면서도 똑똑한지 써 보자.

3. 나의 노랑 통찰 문장

  1) 가치는 (   )에 있다.

  2) 기회는 (   )에 있다.

  3) 욕심은 (   )에 있다.

※ 이 우화는 욕심을 웃음으로 비틀어 보여 주는 우화이다. 욕심을 정면 비판
하지 않고, 물건의 값과 삶의 가치를 대비시켜 선명하게 보여 준다. 골동
품 장사는 그릇을 노렸다. 그러나 식당 주인은 사람의 욕심을 보았다. 속
은 사람은 물건만 보고, 깨어 있는 사람은 사람의 욕심을 본다.
무엇이 진짜 값어치인가? '가치는 물건에 있는 게 아니라, 사람의 마음에
있다'라는 노랑 특유의 밝은 깨달음을 전한다.

통찰 긴 여운

* 욕심은 눈을 흐리게 하지만, 지혜는 웃음을 남긴다. 지혜는 꼭 심각할 필요
  가 없다.
* 진짜 값은 물건에 있는 것이 아니라, 그것을 바라보는 사람의 알아보는 마
  음에 있다.
* 가치는 물건이 아니라, 그것을 보는 눈에서 생긴다. 욕심은 그릇을 사고, 지
  혜는 돈을 번다.

가짜 아인슈타인의 재치

그 질문은 운전사가 답하겠습니다

상대성 이론으로 이름을 떨치던 아인슈타인은 강연 요청이 너무 많아 쉴 틈이 없었다. 어느 날, 운전기사가 조심스럽게 말을 꺼냈다. "박사님, 요즘 너무 무리하십니다. 제가 박사님의 강연을 서른 번도 넘게 들었는데, 이젠 거의 외울 지경입니다. 다음 강연은 박사님 대신 제가 하면 어떨까요?"

놀랍게도 두 사람은 키도, 얼굴도, 분위기도 매우 닮아 있었다. 결국 두 사람은 옷을 바꿔 입었다. 연단에 선 '가짜 아인슈타인'의 강연은 놀랄 만큼 훌륭했다. 말투, 표정, 흐름까지 완벽했다. 하지만 문제가 생겼다. 한 교수가 손을 들었다.

"상대성 이론의 이 부분에 대해 질문이 있습니다."

순간, 가짜 아인슈타인의 심장은 '쿵' 내려앉았다. 더 놀란 사람은 운전사 옷을 입고 객석에 앉아 있던 진짜 아인슈타인이었다. 그런데 가짜 아인슈타인은 조금도 당황하지 않고 빙그레 웃으며 말했다. "그 정도의 간단한 질문이라면 제 운전사도 충분히 답할 수 있습니다."

그리고 객석을 가리켰다. "어이, 여보게. 자네가 잘 설명해 드리게나."

운전기사인 아인슈타인의 훌륭한 설명에 강연장은 박수로 가득 찼다.

도시 전설(Urban Legend)로 실화가 아니다.

길라잡이

1. 운전사에게 질문이 나왔을 때 어떤 선택들이 있었나?

2. 가짜 아인슈타인의 말은 왜 거짓말이 아니었을까?

3. 같은 상황에서 다른 재치 있는 해결 방법을 찾아보자?

4. 발표, 면접, 수업 시간에 당황스러운 질문을 받은 경험이 있는가? 그때 어떻게 대응하는 것이 좋은 방법이었을까?

디딤돌

1. 다른 답 만들기

내가 가짜 아인슈타인이라면 그 질문에 어떻게 말했을지 적어 보자.

2. 재치의 조건

재치 있는 말과 거짓말의 차이는 무엇일까?

재치 있는 말:

거짓말:

3. 나의 노랑 통찰

재치란 (　　　　)이다.

※ 이 이야기는 누가 옳은가를 가리는 이야기가 아니라 판단이 만들어지는 과정을 드러낸다. 문제를 정면으로 돌파하지 않고, 거짓으로 속이지도 않으며, 힘의 방향을 바꾸는 재치를 보여 준다. '아, 이 질문은 정말 곤란한데, 모른다고 말해야 하나? 아니면 얼버무릴까?' 그런데 그는 피하지 않고 방향을 바꿨다. 지혜는 정답을 아는 게 아니라, 상황을 다루는 힘이라는 걸 모두가 알게 해 준다. 삶의 기술(Life skill)로서의 지혜는 꼭 무겁지 않아도 된다는 여유를 준다. 지혜는 머리가 잘 돌아가는 것이 아니라, 생각이 부드러운 것이다.

지혜는 언제 힘이 되는가? 모를 때조차 품위를 잃지 않는 판단이라는 답을 제시한다. 노랑의 지혜는 정답이 아니라, 상황을 다루는 힘이다.

* 재치는 지식을 대신하지 않고, 문제를 없애지도 않는다. 그러나 위기를 부드럽게 넘어가게 해 준다.
* 모든 문제를 정답으로만 풀 필요는 없다. 정답을 몰라도 지혜롭게 말할 수는 있다. 어떤 순간에는 생각의 방향만 바꾸어도 훌륭한 답이 된다.

태양은 언제 지구에 더 가까울까?

공자가 여행 중에 길가에서 두 아이가 다투고 있는 모습을 보았다. 공자가 물었다. "무슨 일로 다투고 있느냐?"

첫 번째 아이가 말했다.

"저는 태양이 막 떠오를 때가 사람에게 더 가깝고, 정오에는 오히려 멀다고 생각해요."

그러자 두 번째 아이가 고개를 저으며 말했다.

"태양은 아침에는 더 멀고, 하늘 한가운데 있을 때가 더 가까워요."

공자가 그 이유를 묻자, 첫 번째 아이가 이렇게 말했다.

"태양이 처음 떠오를 때는 마치 수레 덮개처럼 크게 보이잖아요. 그런데 정오가 되면 접시처럼 작아 보여요. 가까운 것은 크게 보이고, 먼 것은 작게 보이는 법 아닌가요?"

그러자 두 번째 아이가 "하지만 아침 햇살은 덜 뜨겁고, 정오의 태양은 손을 뻗으면 델 것처럼 뜨거워요. 가까우면 뜨겁고, 멀면 서늘한 것 아닌가요?"라며 반박했다.

공자는 생각에 잠겼지만, 누구의 말이 옳은지 쉽게 판단할 수 없었다. 공자는 말없이 미소를 지었다.

『열자』열어구 — 양소아변일

길라잡이

1. 첫 번째 아이는 무엇을 근거로 태양이 가깝다고 말했나?

2. 두 번째 아이는 무엇을 근거로 태양이 가깝다고 말했나?

   공자는 왜 어느 쪽도 옳다고 하지 않았을까?

3. 두 아이의 말은 왜 "둘 다 맞고, 둘 다 틀릴 수" 있을까?

4. 판단에서 가장 중요한 것은 정답을 맞히는 것일까, 아니면 적절한 근거를 찾는 것일까?

5. 겉으로 보이는 것과 실제가 달랐던 경험이 있나? 느낌이나 경험만으로 판단하면 어떤 문제가 생길까?

6. '빨리 말하는 사람'과 '끝까지 듣는 사람' 중 누가 더 지혜로워 보이나?

※ '분명히 크게 보이는데 왜 멀다고 하지? 가까우니까 크게 보이지!' '아니야, 뜨거우니까 더 가까운 거야.' 둘 다 틀린 말은 아니었다. 그래서 공자는 대답하지 않았다. 지혜는 때로, 판단을 멈출 줄 아는 용기이기 때문이다.

디딤돌

1. 나의 판단 돌아보기

최근에 빨리 판단했다가 후회한 일이 있었나? 그때 내가 사용한 근거는 무엇이었나?

2. 무지개 연결 활동

나는 판단하기 전에 (　　　　　)을(를) 먼저 살펴보겠다.

3. 과학 연결

태양과 지구의 거리는 하루 동안 거의 변하지 않는다. 그런데 왜 아침에는 태양이 커 보이고, 정오에는 작아 보일까?
(착시, 대기, 인간의 감각 한계 알아보기)

※ 이 우화는 정답을 맞히는 이야기가 아니다. 같은 현상을 보고도 사람은 서로 다른 근거로 서로 다른 판단을 내린다. 한 아이는 보이는 모습(크기)을 근거로 삼았고, 다른 아이는 느껴지는 감각(온도)을 근거로 삼았다. 둘 다 틀렸다고 말할 수 없고, 둘 다 완전히 옳다고도 할 수 없다.

공자가 판단하지 않은 이유는 지혜가 부족해서가 아니라, 성급한 결론을 경계했기 때문이다. 지금 내가 붙잡고 있는 판단은, 어떤 근거 위에 있는가? 노랑의 지혜는 정답보다 근거를 먼저 묻는다. 노랑 단원의 사고 전환 지점이다. 이후 성장(초록), 이성(파랑), 정의(남색)로 확장된다. 무지개는 각기 다른 색이 조화와 균형을 이루어서 아름답다. 생각도 조화를 이룰 때에, 지혜로 이어질 수 있다.

(통찰 긴 여운)

* 지혜로운 사람은 먼저 판단하지 않고, 먼저 듣는다. 지혜는 판단을 서두르지 않는 힘이다.
* 판단이 빠를수록, 근거는 더 천천히 살펴야 한다.
* 나도 틀릴 수 있다는 생각이, 나를 지혜롭게 한다.

사자 가죽을 쓴 당나귀 이야기

어느 날 당나귀 한 마리가 사자 가죽을 뒤집어쓰고 숲을 돌아다니기 시작했다. '내가 바로 사자다.'

작은 짐승들은 멀리서 보고는 깜짝 놀라 도망쳤다.

기분이 좋아진 당나귀는 신이 나서 돌아다니다가 여우를 만났다.

당나귀는 더 위엄을 부리며 다가가서 크게 울었다. "히이잉, 히이잉."

여우는 웃으며 말했다. "음, 네가 사자인 줄 속을 뻔했어. 만약 네 울음소리를 듣지 못했거나 가죽 밖으로 튀어나온 귀를 보지 못했다면 말이야."

당나귀는 그제야 고개를 숙였다.

이솝우화

핵심 키워드: 겉모습, 허세, 드러남, 표리부동

길라잡이

1. 당나귀의 정체를 드러낸 결정적 계기는 무엇이었나? 겉모습만으로 사람을 판단해도 될까?

2. 말이나 행동이 사람의 본모습을 드러내는 이유는 무엇일까?

3. 우리 주변에 '사자 가죽을 쓴 당나귀' 같은 모습은 없나?

4. SNS나 광고에서 '겉모습'은 어떻게 만들어지나?

5. 말과 행동이 이미지와 다를 때, 우리는 무엇을 믿어야 할까?

디딤돌

1. 겉과 속 구분하기(겉모습과 실제 모습이 다른 경우를 주변에서 찾아보자)
   — 나는 평소 겉과 속이 일치하기 위해 어떤 노력을 해야 할까?

2. 말의 힘 돌아보기

내가 한 말은 나를 더 크게 만들거나 더 드러나게 했는가? 말하지 않았더라면 더 나았던 순간은 없었나?

3. 짧은 글쓰기

주제: 쓸데없는 말을 해서 낭패 본 경우 (경험, 이야기, 상상 등)

※ 사자 가죽을 쓴 당나귀에게 처음엔 모두가 속았다. 사자 가죽만 보였기 때문이다. 하지만 한 번의 울음소리로 모든 것이 끝났다.

겉은 잠시 속일 수 있어도, 말은 결국 나를 말해 준다. 꾸민 모습은 오래갈 것 같지만, 말하는 순간에 정체는 드러난다. 말하는 것을 보면 그 사람됨을 알 수 있다. 가면을 벗고 진실하게 살아가는 훈련을 하자. 나의 약함을 인정하고 계발하자. 나를 사랑하자. 다른 사람으로 살려 하지 말고 나로 살아가자. '많이 채우려는' 생각에서 '다르게 채우는' 생각으로의 전환이 필요하다.

이 우화에서는 겉과 속이 어긋날 때 반드시 생기는 균열을 보여 주어 위장과 과장, 말실수와 실체가 드러남을 날카로운 통찰로 다룬다. 따라서 보이는 빛의 색인 노랑 단원의 중심 이야기로 적합하다.

통찰 긴 여운

* 다른 사람의 가면을 쓰는 순간, 나는 나를 잃는다. 입을 여는 순간, 진짜 내가 나온다.
* 나는 지금 사자처럼 보이려 애쓰고 있는가, 아니면 나답게 말하고 있는가?
* 자기 자신으로 살아갈 용기를 가져라. 자기를 사랑하라.
* 나는 나의 잠재력과 가치를 너무나도 몰랐다. 나는 나다! 내가 나인 것을 감사하자.

양초 한 개로 방을 가득 채운 아들
지혜는 밝히는 것이다

옛날에 큰 부자가 있었다. 그는 아들 중에서 누가 자신의 가업을 이어받게 해야 할지 고민하게 되었다.

부자는 세 아들을 불러 이렇게 말했다.

"너희에게 각각 열 냥을 주겠다. 오늘 해 지기 전까지 이 빈방을 가득 채울 수 있는 것을 구해 오너라."

열 냥은 많은 돈은 아니었다. 아들들은 돈을 들고 시장으로 나갔다. 해 질 무렵, 맏아들이 가장 먼저 양 옆구리에 건초를 한가득 끼고 돌아왔다.

"열 냥으로 건초를 몽땅 샀습니다."

하지만 건초를 아무리 쌓아도 방의 절반밖에 채우지 못했다.

둘째 아들은 솜을 사 왔다. 솜으로 방을 메우려고 애를 썼지만, 역시 가득 채우지는 못했다.

마지막으로 막내아들이 돌아왔다. 그런데 손에는 아무것도 들려 있지 않았다. 아버지가 물었다.

"빈방을 채울 물건을 사 오랬는데, 너는 왜 빈손이냐?"

막내는 잠시 머뭇거리다 주머니에서 양초 하나를 꺼내며 말했다.

"시장에 가 보니 먹을 것을 달라고 구걸하는 아이들이 많았습니다. 그 아이들에게 조금씩 나눠 주다 보니 한 냥이 남았고, 그 돈으로 이 양초를 샀습니다."

막내는 방 안으로 들어가 조용히 양초에 불을 붙였다. 그러자 방 안은 순식간에 빛으로 가득 찼다.

다음 날 아침, 아버지는 막내에게 가업을 맡긴다는 유언을 했다.

결국 방을 채운 것은 물건이 아니라 생각의 방향이었다.

구전동화

길라잡이

1. 맏아들과 둘째는 방을 왜 다 채우지 못했을까?

2. 우리가 자주 빠지는 '양으로 해결하려는 생각'에는 어떤 것이 있을까?

3. 문제의 조건을 그대로 따르는 것과, 다시 해석하는 것의 차이는 무엇일까?

4. 공부, 일, 인간관계에서 '더 많이' 하려다 막힌 경험은 없나?

그 문제를 '다르게 보면' 풀릴 수 있는 예는 무엇이 있을까?

디딤돌

1. 생각의 방향 비교하기

맏아들(더 많이 가져오기), 둘째(더 촘촘히 채우기), 막내(빛으로 채우기)의 가장 중요한 차이는 무엇이었나?

2. 나의 '양초' 찾기

지금 내가 해결하려 애쓰는 문제를 적어 보자.

나는 양으로 해결하려 하고 있는가? 아니면 관점을 바꾸어 적합한 해결책을 찾고 있는가?

3. 한 문장 쓰기

앞으로 내가 문제를 풀 때, 가장 먼저 바꿔 보고 싶은 것은 (   )이다.

※ 처음에는 모두가 '얼마나 많이 가져올까'를 생각했다. 그런데 그 방법으로는 끝내 방을 다 채울 수 없었다.

하지만 막내는 '무엇으로 채울까'를 다시 물었다. 그리고 불을 밝혔다. 그 순간, 방은 빛으로 가득 찼다. 밝히면 채워진다.

'생각의 방향'을 완성하는 이야기이다. 때로 힘으로는 못 채우는 것을 생각은 채운다. 양초 한 개의 빛으로 방을 가득 채운 아들은 판단을 넘어 삶의 태도로 통찰의 내면화를 보여 준다.

나는 지금 더 채우려 애쓰고 있는가, 아니면 다른 방법을 찾고 있는가?

(통찰 긴 여운)

* 문제는 채움에 있지 않았다. 생각의 방향에 있었다.

* 많이 가진 사람이 아니라, 다르게 보는 사람이 답을 찾을 수 있다. 관점을 바꾸면 공간은 스스로 채워진다.

* 지혜는 채우는 것이 아니라 밝히는 것이다.

노랑 단원 마무리

노랑 단원은 정답을 주지 않는다. 판단을 요구하지도 않는다. 대신 판단을 멈추게 한다.

■ 노랑 우화들의 사고의 흐름

1. 자기 시선 점검 — "나는 나를 보고 있는가?"

* 대표 우화: '제 눈의 눈썹은 보지 못한다', '남을 심판하지 마라'

* 핵심 기능: 남의 문제를 먼저 보는 습관을 깨기

  성찰의 방향을 '밖에서 안'으로 전환시킨다.

* 전체 흐름 속 의미: 착각을 자기 안에서 발견하게 만드는 첫 관문이다.

2. 판단 멈춤, 기준 흔들기 — "내 판단은 근거가 있는가?"

* 대표 우화: '태양은 언제 지구에 더 가까울까?'

* 핵심 기능: '보이는 것'과 '느껴지는 것'의 한계 인식

  성급한 결론을 유보하는 태도를 학습한다.

* 전체 흐름 속 의미: 정답에 집착하는 태도에서 벗어날 것을 요구한다.

3. 유머로 깨닫는 분별 ─ "지혜는 꼭 무겁지 않아도 된다"

* 대표 우화: '개 밥그릇에 욕심이', '가짜 아인슈타인의 재치'
* 핵심 기능: 욕심, 위기, 당황스러운 순간을 유머로 전환, 생각의 방향이 결과를 바꾼다는 것을 체험하게 한다.
* 전체 흐름 속 의미: 성찰이 최선의 기술임을 인식한다.

4. 겉과 속의 불일치 인식 ─ "드러나는 것은 결국 진실이다"

* 대표 우화: '사자 가죽을 쓴 당나귀 이야기'
* 핵심 기능: 위장, 허세, 이미지의 한계를 느낀다. 말과 행동이 정체성을 드러냄을 인식하게 한다.
* 전체 흐름 속 의미: 판단 기준을 겉모습에서 본질로 이동하게 한다.

5. 관점 전환의 완성 ─ "문제는 다르게 보면 풀린다"

* 대표 우화: '양초 한 개로 방을 가득 채운 아들'
* 핵심 기능: 문제를 보이는 힘으로만 해결하려는 사고를 버리고, '채우는 것'에서 '밝히는 것'으로의 방향 전환을 제시한다.

■ 노랑 단원의 우화들이 남기는 것

'내가 지금 옳다고 믿는 이 생각은 어디에서 온 것인가?'

그래서 노랑은 '지식의 색'이 아니라, '지혜가 시작되는 색'이다.

* 노랑 단원을 제대로 배우면, 판단은 느려지나 깊어지고, 말수가 줄어드나 질문이 늘어난다.

초록: 자라나고 배우다

시간, 노력, 훈련의 가치

노동 → 결실 → 자립을 통해 노력의 의미 체득

■ 단원 핵심 통찰

재능은 씨앗이고, 배움은 그것을 자라게 하는 거름이며 토양이다. 재능도 사랑도 키우지 않으면 사라진다.

■ 단원 서문

씨앗은 저절로 나무가 되지 않는다.

재능도, 가능성도 마찬가지이다. 가꾸지 않으면 시들고, 배우지 않으면 멈춘다.

■ 단원 결론

누군가를 위해 오늘 나무를 심는 어른도, 게으르던 아들도 결국 같은 사실을 만난다. 성장은 노력과 기다림을 통해 자란다는 것을.

오늘의 작은 땀방울이 내일의 삶을 만든다는 것을 이 단계에서 우리는 확실히 알게 된다.

나라에 도둑을 없앨 방법은

옛날 진나라에는 도둑이 너무 많아 백성들이 밤마다 불안에 떨며 살고 있었다.

고심하던 진나라 제후는 마침 사람의 얼굴만 보아도 그 속마음을 알아내 도둑인지 아닌지를 맞힐 수 있다는 극옹의 소문을 듣고, 그를 불러 말했다.

"그대의 능력으로 이 나라의 도둑을 모조리 잡아들이게."

극옹은 한 번도 틀리지 않고 수많은 도둑을 골라내 감옥에 가두었고, 제후는 참으로 훌륭한 사람을 얻었으니 이제 도둑 걱정은 끝이라며 크게 기뻐하였다.

그때 조문자라는 신하가 조심스럽게 나섰다.

"임금님, 이 방법으로는 도둑이 사라지지 않을 것입니다. 오히려 극옹은 제명에 죽지 못할 것입니다."

그러나 제후는 듣지 않았다. 결국 궁지에 몰린 도둑들이 모여 말했다.

"우리를 이렇게 만든 자는 극옹이다. 그를 없애지 않으면 살 수 없다."

도둑들은 극옹을 죽였다. 놀란 제후가 조문자를 불러 물었다.

"그대의 말이 맞았소. 그렇다면 도둑을 없앨 방법은 무엇이오?"

조문자가 대답했다.

"도둑을 골라내는 사람보다 백성이 부끄러움을 알게 만드는 정치를 해

야 합니다. 어진 사람을 등용해 위에는 가르침이 밝고, 아래에는 교화가
퍼지게 하소서."

　제후는 그 말을 따라 어진 신하 수회를 등용했다. 그 후, 진나라에는 도
둑이 사라졌다.

『열자』 설부 편

길라잡이

1. 극옹은 어떤 능력을 지닌 사람이었나? 제후는 왜 극옹의 방법에 만족했을까?

2. 극옹은 왜 결국 죽임을 당했을까?

3. 문제를 막는 것과 문제를 없애는 것은 어떤 점이 다를까?

4. 처벌이 강해질수록 사람들은 더 나아질까, 더 숨어서 더 하게 될까? 두려
움으로 질서를 유지하는 사회는 오래갈 수 있을까?

5. 가난, 소외, 불공정은 개인의 잘못일까, 사회의 책임일까?

디딤돌

1. 상황 바꿔 보기

만약 당신이 제후라면 극옹과 조문자 중 누구를 선택하겠는가? 그 이유는
무엇인가?

2. 나의 경험 연결

누군가의 행동을 보고 화가 났던 경험을 떠올려 보자. 그때, 그 사람의 위치에서 생각해 본 적이 있었나? 그 사람의 위치에서 생각하면 무엇이 달라지나?

3. 한 문장 완성하기

앞으로 나는 문제를 보았을 때 먼저 (   )을 생각해 보겠다.

※ 앞 단원에서 우리는 보이는 것에 속지 말아야 한다는 것을 배웠다. 이제 한 걸음 더 나아가 묻는다. "이 일은 왜 생겼을까?"

도둑을 잡는 것보다 중요한 것은 먼저 문제의 원인을 살펴보는 것이다. 이 우화는 문제를 빠르게 색출하는 능력과 문제 원인부터 서서히 사라지게 하는 통치의 차이를 보여 준다. 이젠 겉이 아닌 속, 처벌보다 이해를, 결과가 아닌 원인을 본다. 이야기의 깊이가 '주의'에서 '이해'로 이동하는 핵심 장이다. 겉으로 드러난 행동보다, 그 행동이 왜 생겨났는지를 묻고, 문제의 뿌리를 살피고 다시 자라게 하는 통찰의 단계이다.

(통찰 긴 여운)

* 문제를 없애는 힘은 문제를 잡으려는 손에 있지 않고, 이해하려는 마음에 있다.

* 문제를 잡는 것은 빠르지만, 원인을 없애는 것은 시간이 필요하다.

* 나는 결과를 비난하기 전에, 그 이유를 먼저 묻고 있는가?

발의 치수에 얽매이다

정인매리(鄭人買履)

정나라의 어떤 사람이 발에 꼭 맞는 신을 사려고 궁리한 끝에 발의 치수를 정확히 재서 그 치수에 꼭 맞는 신을 사면 된다고 생각했다. 그런데 정작 시장에 갈 때 발의 치수를 적은 종이를 집에 두고 나갔다.

신발 가게에 도착해서야 치수를 적은 종이를 두고 왔다는 사실을 알게 된 그는 서둘러 집에 돌아가서 치수를 적은 종이를 가지고 왔으나, 이미 시장이 끝나 버려 신발을 사지 못했다.

옆에서 이 장면을 모두 본 사람이 왜 직접 신을 신어 보지 않았느냐고 묻자, 그 사람은 신발을 신어 보는 것보다는 치수를 잰 것이 더 낫기 때문이라고 응답했다.

『한비자』 외저설

* 정인매리(鄭人買履)는 규칙에 얽매여 실제 현실에 융통성 있게 대응하지 못하는 고지식함을 비판할 때 사용된다.

길라잡이

1. 정나라 사람은 왜 자기의 발보다 치수 종이를 더 믿었을까?

2. 이 이야기에서 가장 큰 문제는 무엇이었나?

3. 규칙을 지키는 것과 목적을 이루는 것이 언제 어긋날 수 있을까?

4. '원래 그런 규칙이야'라는 말은 언제 위험해질까? 기준이 있는데도 직접 확인하지 않은 경험이 있는가?

5. 학교, 회사, 모임에서 규칙이 문제를 키운 경우는?

디딤돌

1. 상황 바꾸기

정나라 사람이 시장에서 치수를 적은 종이를 두고 온 것을 알고 당황하는 것을 보았다면 어떻게 설득하겠는가?

2. 나의 삶에 적용하기

규칙이나 기준 때문에 오히려 불편해졌던 경험을 적어 보자. 이를 고치기 위해 어떤 노력이 필요한가?

3. 한 문장 완성하기

앞으로 나는 규칙을 볼 때 (　　　　　)을(를) 먼저 떠올리겠다.

※ 정나라 사람은 시장에 가서도 왜 신을 못 샀을까? 기준을 지키느라 목적을 잊어버린 건 아닐까? 지금 나는 바른 생각을 하고 행동하고 있는 걸까? 습관에 따르고만 있는 걸까?

이 이야기의 특징은 앞으로 나아가기 전에 잠시 멈춰서 '이게 정말 옳은 방법인가?'를 묻는다. 규칙을 지키는 것과 목적을 이루는 것이 다를 수 있음을 보여 준다.

규칙, 기준, 방법이 목적을 대신해 버릴 때, 우리를 다시 현실로 돌아오게 만든다. 이런 특성 때문에 초록색에 배치해서 '왜?' 다음에 반드시 등장해야 할 '정말?'의 질문을 던지도록 돕는다.

초록의 통찰은 멈춰서 묻는다. '이 방법이 목적을 가리고 있지는 않은가?'

통찰 긴 여운

* 규칙은 도구이지 목적이 아니다. 잘못 정한 규칙은 생각 없는 행동보다 더 위험하다.
* 규칙은 사람을 돕기 위해 있는 것이지, 사람을 대신해 생각하라고 있는 것은 아니다.
* 나는 규칙을 따르고 있는가, 아니면 목적을 향해 가고 있는가?

모순

말이 서로 부딪힐 때, 생각은 멈춘다

시장 한복판에서 초나라 상인이 목청 높여 창과 방패를 팔고 있었다. "이 방패를 보시오! 얼마나 단단한지, 어떤 것으로도 뚫을 수 없소."

사람들은 고개를 끄덕였다. "튼튼해 보이네. 정말 대단하군."

상인은 이번엔 창을 번쩍 들었다.

"이 창은 또 어떻소? 얼마나 날카로운지, 무엇이든 꿰뚫을 수 있소."

사람들 사이에서 감탄이 터졌다. 그때 한 사람이 앞으로 나섰다. 창과 방패를 번갈아 보더니 조용히 물었다.

"그렇다면 말이오. 당신의 창으로 당신의 방패를 찌르면 어떻게 되겠소?"

시장이 조용해졌다. 상인은 말문이 막혀 창과 방패만 내려다보았다. 사람들 사이에서 웃음이 번졌다.

"모든 것을 뚫는 창과 어느 것에도 뚫리지 않는 방패는 함께 있을 수 없지."

그 후로 사람들은 앞뒤가 서로 맞지 않는 말을 두고 이렇게 말했다. "그것은 모순이다."

『한비자』 난일 편

길라잡이

1. 정곡을 찌른 질문은 무엇이었나? 이때 상인은 왜 아무 말도 하지 못했을까?

2. 말을 따로 들을 때는 다 맞는 것 같았는데, 왜 함께 들으면 문제가 드러났을까?

3. 우리는 일상에서 어떤 모순된 말을 자주 하나? '둘 다 맞다'라고 말할 수 없는 상황은 언제일까?

4. 어른들의 말이 모순으로 들릴 때는 언제인가?

5. 광고, 뉴스, SNS에서 모순된 주장을 본 적이 있나?

디딤돌

1. 모순 찾기

다음 말 중 서로 맞지 않는 것을 골라보자.

'규칙은 중요하다.' ↔ '하지만 규칙을 내가 만들었으니, 나는 안 지켜도 된다.' 이것이 왜 모순인지 써 보자.

2. 나의 말 점검하기

최근에 했던 말 중 앞뒤가 맞지 않았던 경험을 떠올려 보자.

그때 나는 왜 그렇게 말했을까? 그 말속에는 어떤 욕심이나 두려움이 있었을까?

※ 모순은 말의 정확성에서 생각의 정확성으로 넘어가는 우화이다. 말은 그
럴듯해 보여도 나란히 세워 함께 놓이는 순간 무너지는 주장을 보여 준다.
초록 단원의 핵심 질문은 다음으로 이동한다. '왜 그랬는가?' → '이 방법
이 맞는가?' → '내 말과 판단에는 기준이 있는가?' → '내 말과 판단은 비
판을 견딜 수 있는가?'

통찰 긴 여운

* 말이 서로 부딪히기 시작하면, 진실은 서서히 드러나게 된다.

* 서로를 무너뜨리는 주장은 함께 설 수 없고, 서로를 찌르는 말은 이미 방향
  이 틀린 것이다.

* 말은 따로 들으면 그럴듯해 보여도, 함께 놓으면 진실이 드러난다.

가장 소중한 것

성문이 무너졌다. 적군의 깃발이 바람에 펄럭였다. 적장의 목소리가 성 내에 울려 퍼졌다.

"남자들은 모두 포로로 삼겠다. 여자들은 떠나도 좋다. 다만 인정으로, 각자 가장 소중한 것 하나씩만 가지고 나가라."

여자들은 혼란 속에서 짐을 챙겼다. "이건 대대로 내려온 비녀야." "나는 금을 가져가야겠어." "소는 살아야 하니 소를 끌고 가야지." 사람들은 저마다 자기에게 가장 귀하다고 여기는 것을 들고 성읍을 빠져나왔다.

그때였다. 허름한 차림의 한 아낙네가 커다란 자루를 등에 지고 비틀거리며 다가왔다. 적군 병사가 "무엇이 들었는지, 열어 보아라!" 하자, 아낙네는 말없이 자루를 열었다. 안에는 사람이 있었다. 성인 남자, 그 여자의 남편이었다. 병사들이 소리쳤다. "안 된다! 다른 걸 가져가라!"

아낙네는 남편을 꼭 끌어안고 말했다. "장군께서 그러셨지요. 가장 소중한 것 하나만 가져가라고. 내게 가장 소중한 것은 금도 아니고, 소도 아닙니다. 사랑하는 이 사람입니다."

아낙네는 울먹이며 대답했다. "남편이 없는 세상은 그 무엇도 제게는 보물이 아닙니다."

적장은 잠시 말이 없이 고개를 끄덕였다. "그대는 규칙을 어기지 않았다. 가장 소중한 것을 지켰을 뿐이다. 함께 떠나라."

아낙네는 남편의 손을 꼭 잡고 성을 벗어났다.

독일의 민담

길라잡이

1. 적장은 왜 아낙네의 선택을 허락했을까?

2. 규칙을 지킨 것과, 규칙의 뜻을 이해한 것 중 무엇이 더 중요하다고 생각하나? 규칙을 잘 지킨다는 건 무슨 뜻일까?

3. 잃고 나서야 소중함을 아는 것들에 어떤 것이 있나?

4. 내가 정말 잃고 싶지 않은 건 뭐지? 무엇을 선택하며 살아갈 것인가?

5. 여인에게 어린아이가 있었다면 어떤 선택을 했을까? 남편과 아이 모두를 선택할 수 있는 해결책을 제시해 보자.

6. 지금 사회가 가장 소중하게 여기는 것은 무엇이라고 생각하나?

디딤돌

1. 한 문장 완성

내가 생각하는 가장 소중한 것은 (   )이다.

그 이유는 (   )이기 때문이다.

2. 비교하기

겉으로 귀한 것 ― 돈, 명예, 물건, 관계 등

나는 지금 무엇을 가장 중요하게 여기고 있는가?

3. 상황 바꿔 생각하기

이사 때나 위기 상황에서도 끝까지 지키고 싶은 한 가지는 무엇인가? 그것이 없다면, 다른 모든 것이 여전히 의미 있을까?

※ 이 이야기는 '가장 소중한 것이 무엇인가'를 묻는 우화이다.

규칙은 똑같았다. '가장 소중한 것 하나만 가져가라.' 사람들은 보통 금, 비녀, 소처럼 눈에 보이는 것을 떠올리고 물건을 골랐다. 하지만 아낙네는 규칙을 가장 깊이 이해한 사람이었다. 아낙네는 사람, 그중에서도 사랑하는 사람을 선택한다. 그녀는 규칙을 어기지 않았고, 오히려 규칙의 의미를 따르며 사랑하는 남편을 지킬 수 있었다. 원인을 보았고, 방법을 점검했고, 말의 기준도 세웠다.

이 우화는 규칙을 어겼는가? 지켰는가를 묻지 않고, 그 규칙을 얼마나 깊이 이해했는가를 묻는다. 가치는 물건에 있지 않고, 관계와 마음에 있다. 생각의 기준은 이제 삶의 가치로 이어진다. 무엇을 남길지 선택할 때, 그 사람이 누구인지가 드러난다.

이제 남은 질문은 하나다. '그래서, 나는 무엇을 선택할 것인가?'

앞선 초록 이야기들이 원인을 보게 하고 방법을 점검하게 하고 말의 기준을 세웠다면, '가장 소중한 것'은 그 모든 사고가 삶의 선택으로 이어질 때를 보여 주는 초록 단원의 정점 우화이다.

초록의 통찰은 묻는다. 무엇을 지킬 것인가, 그리고 왜인가?

지금 내 손에 들린 것 중 정말 가장 소중한 것은 무엇인가?

(꼭 생각해 보기를 바란다)

(통찰 긴 여운)

* 통찰이란, 더 많이 가지는 것이 아니라 무엇이 진짜 중요한지 잊지 않는 것
이다.

* 가장 소중한 것을 고를 때, 그 사람의 삶이 드러난다. 지금 내 선택은 내가
어떤 사람인지 말해 주고 있다.

소젖을 모아 두려 한 사람

어느 사람이 마당을 쓸며 말했다.

"이번에 손님들을 크게 한 번 불러야겠어. 신선한 소젖을 넉넉히 내놓으면 다들 좋아하겠지? 그런데 날마다 젖을 짜 모아 두면 양이 많아서 둘 곳도 없고 맛도 변할 텐데 어떻게 하지?"

잠시 고민하던 그는 이내 고개를 끄덕였다. "그래, 소젖을 짜지 않고 뱃속에 모아 두었다가 잔치 때 한꺼번에 짜면 되지 않겠어?" 그는 만족한 얼굴로 송아지를 어미 소와 떼어 내서 따로 매어 두었다.

한 달이 흘러 잔칫날이 되었다. 그는 잔칫상을 차리고 손님들을 불렀다.

"오늘은 특별히 소젖을 넉넉히 준비했습니다."

사람들이 기대에 찬 눈으로 지켜보는 가운데, 그는 소를 끌고 나와 젖을 짜기 시작했다. 그런데 아무리 짜도 젖은 나오지 않았다.

"왜 이러지? 분명 한 달 동안 모아 두었는데?"

사람들 사이에서 웅성거림이 일었다. "젖이 말랐네."

어떤 이는 고개를 저었고, 어떤 이는 피식 웃었다.

"이상하군, 모아 두면 더 많아질 줄 알았는데."

옆에서 한 노인이 말했다. "젖은 쌓아 두는 것이 아니라, 매일 짜 주어야 젖이 잘 나오는 법이오."

그는 송아지를 풀어 주었다. 송아지가 젖을 빨자, 소는 다시 숨을 쉬듯

젖을 내기 시작했다. 그는 고개를 숙였다.

"흐르지 않으면, 살아 있지 않은 거였군요."

『백유경』

길라잡이

1. 이 사람은 왜 소젖을 모아 두려고 했는가? 결국 젖이 나오지 않은 이유는 무엇이었나?

2. '모아 둔다'라는 생각은 왜 그럴듯하게 들릴까? 우리 삶에서 모아 두려다 말라 버리는 것에는 무엇이 있을까?

3. 공부, 재능, 친절, 우정, 돈, 사랑 중 쓰지 않으면 사라지는 것은 무엇이 있을까?

4. 나눌수록 더 살아나는 것은 무엇이 있을까?

5. '저축'과 '순환'의 다른 점을 적어 보자.

디딤돌

1. 흐르는 것과 멈춘 것

다음 중 흐를 때 살아 있는 것은 무엇인가?

(지식, 돈, 운동, 친절, 물, 재능 등)

이것들이 '사용할수록' 오히려 늘어나는 것은 왜일까?

2. 내 삶의 소젖

내가 요즘 모아 두려고만 했던 것은 (   )이다.

그것을 다시 흐르게 하려면 (   )을(를) 해야 한다.

3. 한 문장 통찰 쓰기

이 우화의 교훈을 다음 형식으로 써 보자.

"(   )는 모아 두는 것이 아니라, (   )해야 한다."

※ 이 우화의 핵심 통찰은 축적이 곧 유지가 아니라는 것이다. 살아 있는 것은 쌓아 둔다고 남지 않고, 흘러야 다시 살아난다. 왜 쓰지 않으면 오히려 사라질까? 어떤 것은 모아 두는 그때부터 말라 버리고, 내어 줄 때 다시 살아난다. 젖은 모아 두는 것이 아니라 날마다 흘려보내며 살아 있게 해야 한다. 가장 소중한 것을 선택했다면, 이제는 그것을 어떻게 살릴 것인가를 배워야 한다. 모아 두면 많아지는 것이 아니라 오히려 없어지고, 지키려는 순간 말라 버리는 것들이 있기 때문이다.

이 이야기는 '쌓음의 착각'을 '순환의 지혜'로 전환하는 연결 우화이다. 앞선 초록 이야기들이 무엇이 중요한가(가치), 무엇을 선택할 것인가(선택)를 물었다면, 이 우화는 한 걸음 더 나아가 흐름을 멈추면 생명도 멈춘다는 사실을 알려 준다.

나는 지금 키우고 있는 걸까, 움켜쥐고 있는 걸까?

초록 단원은 가치 → 선택 → 관계 → 순환이라는 완성된 생명형 통찰 구조를 갖추었다.

* 자연의 흐름을 거스르면 남는 것은 계산뿐이고 결과는 공허다.

* 살아 있는 것은 흐르고, 흐르는 것만이 살아 있다. 생명은 순환 속에서 유지
  된다.

지혜로운 머슴과 게으른 머슴

어느 마을에 큰 부자가 살았다. 그는 많은 머슴을 두었고, 그들이 흘린 땀으로 집안이 부유해졌음을 알고 있었다. 그래서 부자는 그동안 수고한 머슴들을 고향으로 돌려보내려고 마음먹었다. 그런데 그동안 누가 성실했고 누가 게을렀는지 알 수 없어서 마음이 복잡했다.

며칠 뒤, 부자는 머슴들에게 말했다. "내가 잠시 먼 곳에 다녀오겠다. 그동안 엽전을 꿸 수 있는 굵기로 새끼줄을 꼬아 두거라."

부자가 떠나자 게으른 머슴들은 웃고 떠들며 말했다.

"주인이 언제 돌아온다고." "조금 놀다 나중에 하면 되지."

반면 부지런한 한 명의 머슴은 날마다 같은 자리에 앉아 같은 굵기의 새끼줄을 묵묵히 꼬았다. 하루, 이틀, 한 달, 그의 손놀림은 느렸지만 흔들리지 않았다.

그러던 어느 날 주인이 곧 돌아온다는 소문이 퍼지자, 게으른 머슴들은 얼굴이 하얘졌다. "큰일 났다!" "빨리 꼬아야 해!"

그들은 지푸라기를 많이 쓰려고, 아끼지 않고 굵은 새끼줄을 급히 만들었다. 다급한 마음에 엽전을 꿴다는 말은 이미 잊고 있었다.

마침내 주인이 돌아와서 머슴들을 모아 놓고 웃으며 말했다.

"다들 수고했다. 그동안 열심히 꼰 새끼줄에 이 엽전을 마음껏 꿰어 각자 고향집으로 가져가거라."

게으른 머슴들은 새끼줄을 들고 멍해졌다. 엽전은 하나도 들어가지 않았다. 부지런한 머슴의 새끼줄에는 엽전이 끝도 없이 들어갔다. 그는 두둑한 돈 자루를 등에 지고 기분 좋게 고향으로 돌아갔다.

전래동화

핵심 키워드: 성장, 성실, 과정의 힘, 조건

길라잡이

1. 주인이 새끼줄을 꼬라고 했는데 "엽전을 꿸 수 있는 굵기"라는 말은 왜 중요했을까?
2. 결과가 드러나기 전에도 이미 승부는 나 있었다고 볼 수 있을까?
3. 게으른 머슴들은 왜 실패했을까?
4. 시험, 운동 등에서 '마지막에 몰아서' 하려다 어려워진 경험은 없나?
5. 지금 사회는 과정과 결과 중 무엇을 더 중요시하고 평가하나?

디딤돌

1. 나의 새끼줄 돌아보기

요즘 내가 꾸준히 하는 일 한 가지를 적어 보자.

내가 꼬고 있는 새끼줄:

그 일에서 지켜야 할 기준은:

2. '나중에 하면 되지'라고 생각하고 미루었다가 한꺼번에 몰아서 하느라 어려워졌던 경험이 있는가?

내가 미뤘던 것은 무엇이고 그 결과는 어떠하였나?

3. 한 문장 다짐 쓰기

나는 결과보다 먼저 (　　　　　)을(를) 꾸준히 지키겠다.

※ 이 우화는 재능이나 요령이 아니라 반복된 태도와 기준이 결국 삶의 결과를 결정한다는 사실을 보여 준다.

초록은 한순간에 커지는 색이 아니라 날마다 자라나는 색이다.

이로써 초록 단원은 가치 → 선택 → 순환 → 과정 → 성장이라는 완결된 '생명형 통찰 구조'를 완성한다.

통찰 긴 여운

* 성장은 급하게 오지 않고 멈춰 있지도 않으며, 한꺼번에 몰아서 이루어지지 않는다. 날마다 같은 기준으로 살아갈 때, 삶은 조용히 보답한다.
* 삶은 마지막 날에 묻지 않는다. 오늘 하루, 어떤 굵기로 살았는지를 기억한다.
* 나는 오늘 결과만을 바라고 있는가, 과정을 잘 지키고 있는가?
* 나는 지금 급하게 굵은 줄을 꼬고 있는가, 아니면 엽전이 들어갈 줄을 충분히 만들고 있는가?

싹이 자라는 것을 억지로 도와준 농부

조장

송나라의 한 농부는 새벽마다 밭으로 나왔다. 씨를 뿌리고, 흙을 고르고, 물을 주며 정성껏 돌보았다.

"올해는 꼭 풍년이 들어야 할 텐데."

며칠 뒤, 농부는 고개를 갸웃했다. "왜 이렇게 안 크는 거지?"

잠시 생각하던 그는 말했다. "이렇게 기다리기만 해서는 안 되겠어. 내가 좀 도와줘야지."

농부는 싹 하나를 살짝 잡아당겨 뽑아 주었다. "어? 확실히 커졌잖아?"

얼굴이 환해진 그는 밭으로 들어가 모든 싹을 하나하나 잡아당겼다. "조금만 더." "그래, 이렇게."

해가 질 무렵, 농부는 허리를 두드리며 집으로 돌아왔다.

"오늘은 정말 힘들었어. 곡식이 잘 자라도록 도와주느라 일을 많이 했단 말이야."

그때 아들이 밭에서 달려와 외쳤다. "아버지! 싹이, 싹이 다 죽었어요!"

밭의 싹들은 시들어 말라 죽어 있었다. 농부는 말없이 그 자리에 털썩 주저앉았다.

『맹자』공손추장구 상

길라잡이

1. 농부는 자기의 행동을 왜 '도와준 것'이라고 생각했을까?

2. '도와주는 것'과 '방해하는 것'의 차이는 무엇일까?

3. 농부의 행동이 오히려 해가 된 이유는 무엇일까?

4. 공부나 성장은 왜 기다림이 필요할까?

5. 부모, 교사, 사회가 '도움'이라는 이름으로 지나치게 개입하는 사례는 무엇
   이 있나?

6. 좋은 마음으로 한 행동이 왜 때로는 나쁜 결과를 낳을까?
   (이 우화는 그 질문에 자연스럽고, 오래 남는 답을 남긴다.)

디딤돌

1. 도움이라고 했는데 오히려 방해였던 행동은 무엇이 있는가?

2. 나의 '조급했던 순간'은?

나는 (   )이 빨리 되길 바라서 (   ) 했지만,

오히려 (   ) 해졌다.

3. 한 문장 통찰 만들기

이 우화의 뜻을 한 문장으로 정리해 보자.

(   )은(는) 도와줄수록 (   )을(를) 잃을 수 있다.

※ '소젖을 모아 두려 한 사람' 이야기가 모아 두고 붙잡으려는 욕심의 경계를 보여 준다면, 이 우화는 조급함이 선의로 포장될 때의 위험을 분명히 보여 준다. 농부는 옳은 목표를 가졌지만, 간절한 나머지 잘못된 방법을 선택했다. 싹은 자라고 있었지만, 농부의 눈에는 한없이 느리게만 보여서 못 기다리고 싹을 뽑아 주었다. 보살피고 돕는다고 했지만, 사실은 자라는 시간을 빼앗아 버린 것이었다.

자람은 간섭으로 이루어지지 않고, 환경과 시간을 통해 자연히 이루어진다. 식물이나 사람은 억지로 만드는 것이 아니라 스스로 자라나는 것이라는 것을 잘 보여 준다. 따라서 초록 단원의 핵심 주제인 자연스러움, 기다림, 과정 존중을 가장 선명하게 드러내는 대표 우화이다.

통찰 긴 여운

* 자람에는 자신의 속도가 있다. 돕는다는 이름으로 당길수록, 성장은 상처 입는다. '나는 지금 돕고 있는가, 아니면 잡아당기고 있는가?'
* 성장은 서두를수록 늦어지고, 기다릴수록 단단해진다.
* 맹자는 이렇게 말했다. '마음에 잊지 말되, 억지로 돕지는 말라.'

코는 크게 하고, 눈은 작게

어느 날 제자 하나가 조각가 환혁을 찾아와 물었다.

"스승님, 조각을 할 때 가장 중요한 것은 무엇입니까?"

환혁은 잠시 조각상을 바라보다가 말했다. "코는 크게 하고, 눈은 작게 만들어라."

제자는 고개를 갸웃했다. "왜 그렇습니까? 보기에는 눈이 더 중요해 보이는데요."

환혁은 웃으며 조각칼을 내려놓았다. "코는 크면 나중에 깎아 줄일 수 있지만, 작게 만들어 놓으면 다시 크게 할 수 없지. 눈도 마찬가지다. 작으면 키울 수 있지만, 처음부터 크게 만들어 놓으면 줄이기 어렵다."

제자는 잠시 생각하다가 다시 물었다. "그렇다면 조각만 그런 것입니까?"

환혁은 고개를 저었다. "아니다. 일도 그렇고, 계획도 그렇고, 삶도 그렇다. 처음부터 딱 맞게 하려 들면 조금만 어긋나도 고칠 수가 없다. 하지만 고칠 수 있는 여지를 남겨 두면 실패할 가능성은 훨씬 줄어든다."

제자는 고개를 끄덕였다. "그럼, 일을 할 때도 너무 완벽하게 시작하려 하지 말아야겠군요."

환혁은 조용히 대답했다. "그렇다. 처음부터 완벽하게 하려는 마음이 오히려 일을 망친다. 고칠 수 있게 시작하는 것이 지혜다."

『후한서』 환혁전

길라잡이

1. 환혁은 조각할 때 코와 눈을 어떻게 만들라고 했나?

   환혁이 그렇게 말한 이유는 무엇이었나?

2. 처음부터 완벽하게 하려는 태도는 왜 위험할까?

   '수정할 수 있음'은 왜 실패를 줄일까?

3. 완벽하게 하려다 시작하지 못한 경험이 있나?

디딤돌

1. 다음 상황에서는 어떤 시작이 더 지혜로울까? 크게 시작해서 줄일까? 아니면 작게 시작해서 키울까? 그 이유는 무엇인가?

   1) 발표 자료를 만들 때

   2) 시험공부 계획을 세울 때

   3) 친구와 조별 과제를 할 때

   4) 새로운 취미나 운동을 시작할 때

2. 나의 '미루고 있는 일'

   내가 아직 시작하지 못한 일은 (　　　　)이다.

   그 이유는 (　　　　) 때문이다.

   고칠 수 있게 시작한다면 나는 (　　　　)을(를) 하겠다.

3. 한 문장 다짐

나는 완벽하게 하기보다, (   )할 수 있게 시작하겠다.

※ 이 우화는 완벽주의가 성장을 막는 순간을 정확히 짚어 준다. 조각은 한 번에 완성되는 것이 아니다. 고치며 다듬어서 살아나는 것이다. 대충 하라는 말이 아니다. 처음부터 완벽하게 하려다 보면 손을 대지 못하고 멈추게 된다. 하지만 고칠 수 있다는 마음으로 시작하면 여유를 가질 수 있고, 여유가 있으면 움직이기 쉽고, 움직이면 보이기 시작한다. '과정이 열려 있어야 성장이 시작된다'라는 핵심 메시지를 전달하는 연결 우화다.

통찰 긴 여운

* 고칠 수 있는 시작이 가장 안전한 시작이다. 완벽하게 하려고 멈춰 서 있기보다 고칠 수 있게 시작하라.

* 성장은 잘 만든 첫걸음이 아니라 수정할 수 있는 첫걸음에서 시작되고, 완벽이 아니라 여지에서 자란다.

* 처음부터 완벽한 시작은 없지만, 언제라도 고칠 수 있는 시작이 있을 뿐이다.

장님의 등불

캄캄한 밤, 달빛조차 흐릿한 골목을 한 사람이 조심스레 걷고 있었다. 그때 맞은편에서 앞을 보지 못하는 사람이 등불을 들고 조심스럽게 걸어오고 있었다. 그 사람은 걸음을 멈추고 물었다.

"실례합니다. 당신은 앞을 보지 못하는군요. 그런데 왜 등불을 들고 다니시나요?"

장님은 멈춰 서서 미소를 지으며 대답했다. "제가 이 등불을 들고 있어야 눈 뜬 사람들이 저를 볼 수 있지요."

"아, 다른 사람들을 위해서군요?"

"그렇습니다. 제가 등불을 들지 않으면 누군가가 저를 보지 못하고 부딪칠 수도 있지요."

그 사람은 고개를 끄덕였다. "등불은 당신이 보기 위한 것이 아니라 다른 사람들을 위한 것이군요."

장님은 조용히 말했다.

"세상에는 내가 보기 위해 드는 불도 있지만, 남이 나를 알아보고 다치지 않게 하려고 드는 등불도 있는 법입니다."

그 말을 들은 사람은 잠시 그 자리에 서서 자신의 삶을 돌아보았다. 혹시 나는 남을 배려하는 작은 불빛 하나 없이 어둠 속을 걸어오지는 않았을까?

탈무드

길라잡이

1. 장님은 왜 등불을 들고 다녔나?

2. 장님은 무엇을 '배려'라고 생각했을까? 배려는 왜 상대를 바꾸지 않아도 될까?

3. 내가 불편해도 해야만 하는 배려에는 어떤 것들이 있을까?

4. 학교나 가정에서 '등불 같은 행동'에는 무엇이 있을까?

5. 내가 켜지 않았을 때, 누군가 다칠 수 있는 '등불'은 무엇일까?

디딤돌

1. 등불의 의미 찾기

장님(나에게 불리한 조건), 등불(배려하는 태도), 어두운 골목(관계 속 위험)
이 비유를 우리 생활에서 어떻게 적용할 수 있을까?

2. 나의 생활 속 '등불'

내가 친구나 가족을 위해 켤 수 있는 등불은 무엇이 있을까요?

3. 배려 실천 카드(결심 선언)

앞으로 내가 실천할 '작은 등불' 한 가지를 적어 보자.

언제:
___

누구에게:
___

무엇을:
___

※ 이 우화는 배려란 상대를 바꾸는 일이 아니라 나의 태도를 먼저 밝히는 일이라고 말한다. 장님은 다른 사람을 바꾸려 하지 않았다. "조심하세요"라고 외치지도 않았고, "왜 앞을 안 보세요?"라고 묻지도 않았다. 그는 자기 손에 등불을 들었을 뿐이다.

사람은 혼자 살아가는 것이 아니다. 함께 살기 위해 우리는 서로의 길을 밝혀 준다. 함께 숨 쉬며 어울리며 조화를 이룰 때 아름답다.

이 이야기는 '말 없는 배려'의 기준점이 된다. 초록의 지혜는 함께 부딪히지 않도록 내가 먼저 빛이 되는 태도다. 힘이 부족할 때는, 지혜가 길이 된다. 배려는 드러내지 않아도, 누군가의 길을 밝힌다. "나는 오늘, 누구의 길을 밝히며 살고 있는가?"

통찰 긴 여운

* 배려는 상대를 바꾸는 것이 아니라, 나의 태도를 밝히는 것이다.

* 나는 보지 못해도, 누군가를 위해 불을 들 수 있다. 배려는 목소리가 아니라 불빛으로 남는다.

* 나는 오늘, 누군가를 위해 작은 등불 하나를 들고 있는가?

하늘나라 밭 구경

어려운 상황을 이겨 나가는 재치

옛날에 아주 영리한 소년이 있었어요. 어른들보다도 생각이 깊어, 마을 사람들 사이에서 "작은 어른"이라 불렸지요. 어느 날, 아버지가 이불을 뒤집어쓴 채 끙끙 앓고 계셨어요. 소년이 조심스레 물었어요. "아버지, 어디가 편찮으세요?"

아버지는 한숨을 쉬며 말했어요.

"중국에 사신으로 갔다가 괜한 말을 해 버렸단다."

중국 사람들이 이렇게 말했다는 거예요.

"그 좁은 땅에서 사느라 답답하겠소. 우리 들판은 저 넓은 땅에서 나는 곡식만으로도 조선 백성을 다 먹이고 남겠소. 만리장성도 못 봤겠지요? 하하."

화가 난 아버지는 그만 이렇게 말해 버렸대요. "허허, 그까짓 걸로 뭘 그러시오. 우리나라엔 하늘나라에도 밭이 있소."

중국 사람들은 눈이 동그래져서

"그렇다면 꼭 보고 싶소!" 하며 석 달 뒤 조선을 방문하겠다고 했다는 거예요. 이제 남은 날은 보름뿐이었지요. 소년은 잠시 생각하다가 갑자기 웃음을 터뜨렸어요.

"아버지, 걱정 마세요. 제가 방법이 있을 것 같아요."

그날이 되자, 아버지는 성문 앞에 환갑이 넘은 노인들을 불러 잔치를 벌였어요. 노인들은 맛있는 음식을 먹고 술을 마시며 노래하고 춤을 췄지요. 한편 소년은 옆에서 아이들을 불러 모았어요.

"애들아, 크게 울어 줘. 그러면 엿을 줄게."

아이들은 약속대로 큰 소리로 울기 시작했어요. 그때 중국 사람들이 도착했어요. 그 광경을 보고 의아해하며 물었지요.

아버지가 웃으며 말했어요.

"저 노인들은 하늘나라 밭에서 일하고, 60년 만에 돌아온 사람들이오. 가는 데 30년, 오는 데 30년이니 얼마나 기쁘겠소."

중국 사람들이 놀라자, 아버지는 울고 있는 아이들을 가리켰어요. "저 아이들은 이제 하늘나라 밭으로 떠나는 길이오. 갔다가 다시 돌아오려면 60년이나 걸리니 서럽지 않겠소?"

중국 사람들의 얼굴이 점점 굳어졌어요. 아버지가 일부러 중국 사신의 팔을 잡아끌며 말했어요.

"자, 우리도 서둘러야겠소."

그러자 중국 사신들은 말없이 서로 눈치만 보다가 슬그머니 돌아서서 왔던 길로 달아났어요. 소년은 속으로 생각했어요.

'힘으로는 못 이겨도, 지혜로는 이길 수 있어.'

전래동화

길라잡이

1. 소년의 아버지는 어떤 위기에 처해 있었나?

2. 노인들과 아이들은 각각 어떤 역할을 했나?

3. 소년의 행동은 거짓말일까, 지혜일까?

4. 오늘날 말 한마디로 생긴 갈등을 지혜롭게 넘긴 사례가 있나?

5. 힘이나 지위가 없을 때, 무엇으로 자신을 지킬 수 있을까?

디딤돌

1. 상황 읽기 연습

이 이야기에서 소년이 읽어 낸 것은 무엇이었나?

(상대의 마음, 두려움, 체면, 오만함)

2. 나만의 지혜 카드

힘으로 해결할 수 없을 때 내가 선택할 수 있는

지혜는 (   )이다.

3. 중국 사신들은 이 장면에서 왜 도망갔는지 이유를 써 보자.

※ 소년은 상대와 맞서 싸우지 않았고, 상황을 부정하지도 않았다. 대신 상대가 스스로 물러나게 만드는 상황을 만들었다. 지혜란 상대를 이기는 것이 아니라, 상황을 다르게 보이게 하는 힘임을 보여 준다. 힘없는 약자의 '생각의 품격'을 보여 주는 우화로서 '말과 사고방식도 능력이다'라는 메시지를 전달한다.

통찰 긴 여운

* 지혜는 가장 가벼운 무기이면서, 가장 무거운 상황을 움직인다.
* 맞설 수 없을 때, 통찰은 가장 강한 무기가 된다.
* 힘이 부족할 때는, 지혜가 길이 된다. 지혜는 없는 힘을 대신해 상황을 움직인다.
* 배려가 관계를 지켜 준다면, 지혜는 관계가 무너지지 않도록 방향을 틀어 준다.

손 트는 데 바르는 약의 사용법

송나라에 빨래로 살아가는 가문이 있었다. 겨울마다 손이 트고 얼어 고생하던 그의 가문은 동상을 막아 주는 비법 약을 만들어 빨래할 때마다 손에 발랐다. 약은 정말 효과가 좋았다.

어느 날 낯선 남자가 찾아왔다.

"그 약 만드는 방법을 만 냥에 사겠소."

세탁업자는 눈이 휘둥그레졌다. 평생 만져 보지도 못할 큰돈이었다. "정말이오? 이 약방문을요?"

그 가문은 기쁜 마음으로 약방문을 팔았다. 그 남자는 약방문을 전혀 다른 곳에 사용했다. 그는 그 약방문을 오나라 왕에게 바쳤다. 그해 겨울, 오나라와 월나라 사이에 큰 전쟁이 벌어졌다. 오나라 왕은 그 약을 군사들의 손과 발에 바르게 하였다. 오나라 군대는 동상에 걸리지 않았다. 그 반면 월나라 군대는 혹독한 추위에 손과 발에 동상이 퍼져 저절로 무너졌다.

전쟁은 오나라의 승리였다. 왕은 크게 기뻐하며 약방문을 바친 남자에게 높은 벼슬을 내리고, 넓은 땅과 많은 재물을 하사했다.

같은 약이다. 하지만 쓰는 사람에 따라 가치는 크게 달라졌다.

『장자』소요유

길라잡이

1. 같은 약이 왜 전혀 다른 결과를 만들었나?

2. 이 이야기에서 진짜 차이를 만든 것은 무엇일까?

3. '물건의 가치'는 누가, 언제 결정한다고 생각하나?

4. 능력은 있는데 기회가 없다는 말은 언제 성립할까?

5. 오늘날에도 '같은 기술, 다른 무대'의 사례가 있나?

6. 내가 가진 재능이나 경험을 다른 곳에 쓰면 어떤 가능성이 열릴까?

디딤돌

1. 쓰임 바꾸기(쓰임에 대한 관점을 바꾸어 생각해 보기)

다음 물건을 주 용도와 다르게 활용할 수 있는 예를 적어 보자.

휴대전화:

연필:

물컵:

2. 나만의 약방문

내가 잘하거나 익숙한 것을 적고

→ 이것이 어디까지 쓰일 수 있을까? 생각해 보자.

3. 초록 통찰 한 줄

가치는 언제 커지는가? 한 문장으로 정리해 보자.

※ 이야기에 나오는 약은 이미 있었고, 이미 쓰이고 있던 것이었다. 차이는 단 하나, 어디에서 어떻게 쓰느냐를 보는 눈이 달랐다. 누구에게 약은 '손이 트지 않게 해 주는 생활 도구'였지만, 다른 사람에게는 '전쟁의 판도를 바꿀 수 있는 도구'였다.

이 우화는 '당신이 가진 것은 정말 작은 것일까, 아니면 아직 제 무대를 못 만난 것일까?'를 조용히 묻는다. 초록의 지혜는 있는 것을 다른 무대에 올리는 힘이다.

손 트는 데 바르는 약은 새로운 재능이나 자원을 다른 장면에 올리는 통찰을 보여 준다. 무대를 바꿈 → "확장"과 "전환"이 짝을 이루는 구성이다. 이로써 초록 단원은 배려(관계) → 지혜(판단) → 활용(확장)이라는 아주 단단한 통찰의 상승 구조를 갖추게 되었다.

(통찰 긴 여운)

* 가치는 새로 만드는 것이 아니라, 쓰임을 넓힐 때 커진다. 같은 것을 쥐고도, 어떤 이는 손을 보호하고 어떤 이는 전쟁판을 바꾼다.
* 새로운 기회는 새로운 것이 아니라 익숙한 것을 다른 각도로 보는 데서 시작된다.

내가 먹지 못해도 나무를 심는다

조선 영조 때, 영의정을 지냈던 정호는 나이가 들어 벼슬을 내려놓고 충주 수안보로 내려가 살고 있었다. 어느 날, 왕의 명을 받은 도승지 이형좌가 정호를 찾아왔다. 마을 어귀에서 이형좌는 밭둑에 쪼그리고 앉아 아주 작은 배나무 묘목을 심고 있는 정호를 보았다. 이때 정호의 나이 78세였다. 이형좌가 말했다. "대감님, 이렇게 어린나무를 심으셔서 어느 세월에 배를 따시겠습니까?"

그의 말에는 '이 나이에 무슨 소용이 있냐'는 걱정이 담겨 있었다.

정호는 흙 묻은 손을 털며 말했다.

"글쎄, 내가 따 먹을 수 없을지도 모르지."

몇 해가 흐른 뒤, 이형좌는 충청 감사로 부임해 다시 정호를 찾았다. 정호는 반갑게 그를 맞이하며 주안상을 차려 주었다. 상 위에는 큼직하고 윤기 나는 배가 놓여 있었다.

"이렇게 크고 맛있는 배를 어디서 구하셨습니까?"

이형좌가 묻자, 정호는 배를 가리키며 말했다.

"예전에 그대가 왔을 때 내가 심던 그 나무에서 딴 것이오. 지금은 마을 사람들이 모두 나누어 먹고 있지."

정호는 조용히 덧붙였다.

"나무는, 심는 사람이 아니라 기다리는 사람이 먹는 것이오."

정호는 알고 있었다. 그 나무에서 열매를 따는 사람이 반드시 자신일 필요는 없다는 것을.

사람들은 묻는다. "내가 못 먹을 건데 왜 하죠?"

하지만 정호는 반대로 생각했습니다.

"누군가는 먹을 수 있지 않겠는가."

연일정씨 족보 및 문중 기록

핵심 키워드: 성장과 나눔, 기다림의 지혜

길라잡이

1. 이형좌는 왜 정호의 행동을 이해하지 못했나?

2. 정호는 왜 자신이 먹을지 모를 나무를 심었나?

3. 정호의 말에서 드러나는 삶의 태도는 무엇인가?

4. '기다림'은 왜 지혜의 일부라고 할 수 있을까?

5. '내가 먹지 못할 나무를 심는 일'에는 무엇이 있을까?

디딤돌

1. 씨앗 찾기

정호가 심은 '배나무'는 상징적으로 무엇을 뜻하나?

(예: 신뢰, 교육, 관계, 습관, 공동체)

2. 기다림의 시간표

씨앗 → 묘목 → 열매

이 과정을 삶의 예와 연결해 적어 보자.

3. 나의 초록 통찰 문장

"미래를 위해 내가 지금 심을 것은 (   )이다."

※ 이 이야기는 말한다. 지혜는 빠른 결과를 바라지 않고, 시간 너머를 보는 마음에 있다고. 그리고 진짜 어른은 결과보다 과정을 남기는 사람이라고. 이 우화는 자람과 생명을 이해하고, 내가 먹지 못할 열매를 심을 줄 아는 마음을 갖게 하는 이야기이다. 지혜는 내가 먹지 못할 열매를 심는 일이다. 진짜 어른은, 결과를 독점하지 않는다. 초록의 끝에는 언제나 기다림과 나눔이 있다.

통찰 긴 여운

* 내가 먹지 않아도 누군가를 위해 심을 줄 아는 사람, 그 사람이 참사람이다.
* 지혜의 쓰임은 성장의 시간을 건너 남는다. 지혜란, 오늘을 넘어 내일을 위해 인내하는 일이다.

초록 단원 마무리

초록 단원의 통찰: 성장, 과정, 기다림, 배려, 활용, 나눔

초록 단원은 욕심을 경계한 뒤(주황 단원), 기지를 맛본 다음(노랑 단원) '이제, 우리는 어떻게 살아가야 하는가?'에 답하는 단원이다.

결과가 아니라 과정, 속도가 아니라 조화, 나 혼자가 아니라 함께하기를 소망한다.

■ 초록 단원 큰 줄기 보기

관계의 태도 → 자람의 원리 → 시작의 방식 → 상황 판단 → 쓰임의 확장 → 시간 위의 지혜

초록 단원은 한 가지 교훈을 반복하지 않고, 지혜가 '삶 속에서 자라는 순서'에 따라 흘러간다.

■ 초록 단원 이야기 흐름

1. 관계의 시작 — 공존의 태도: '장님의 등불'

'성장 이전에 필요한 것은 배려하는 태도'임을 보여 주는 이야기.

남을 바꾸지 않고 나를 밝히는 배려하는 마음을 보여 준다.

* 역할: 초록 단원의 정서적 문을 여는 이야기이다. 공동체, 관계 중심의 성장 전제를 제시한다.

2. 성장의 원리 ─ 기다림: '싹이 자라는 것을 억지로 도와준 농부 ─ 조장'

선의가 조급함으로 바뀔 때의 파괴를 보여 준다. 자람은 성급한 간섭으로 이루어지지 않고, 자람에는 기다림의 시간이 필요하다는 것을 보여 주는 이야기이다.

* 역할: '성장'의 본질을 규정하여, 교육, 양육, 자기 계발에 직접 연결해서 생각해 보게 한다.

3. 시작의 방식 ─ 여지 남기기: '코는 크게 하고, 눈은 작게'

성장 가능한 시작과 망가지는 시작을 비교해 볼 수 있다.

고칠 수 있음은 성장의 힘을 제공한다. 고칠 수 있게 시작하라.

* 역할: 행동으로 옮기기 어려워하는 학생, 수행평가, 프로젝트 전 읽기에 적합한 우화이다.

4. 상황 판단 ─ 지혜의 힘: '하늘나라 밭 구경 ─ 어려운 상황을 이겨 나가는 재치'

약자의 생존 방식에 힘을 실어 준다. 지혜는 없던 길을 만들어 낸다. 힘없을 땐 지혜를 사용해라.

* 역할: 초록 단원에서 가장 역동적인 이야기이다. 재치, 말, 심리 읽기의 가치를 강조한다.

5. 활용과 확장 ― 무대 바꾸기: '손 트는 데 바르는 약의 사용법'

'발상의 전환' 이야기이다. 같은 자원도 쓰기에 따라 다른 결과를 나타낸다. 가치는 물건에 있지 않고 쓰임을 어떻게 하느냐에 달려 있다.

* 역할: 경제, 진로, 창의적 사고와 연결 가능하다.

6. 성장의 완성 ― 시간과 나눔: '내가 먹지 못해도 나무를 심는다'

개인의 이익을 넘어 다음 세대를 위하여 내가 못 먹어도 나무를 심는다. 시간을 뛰어넘는 지혜.

* 역할: 초록 단원의 철학적 마침표, '참어른'의 표본 제시, 성장의 완성인 보라 단원(존재, 통합)으로 넘어가는 징검다리.

※ 초록 단원은 '나는 혼자 잘되는 사람이 되고 싶은가? 더불어 자라는 사람이 되고 싶은가?'라는 질문을 통해, '빨리 가는 외로운 발걸음보다, 더불어 손잡고 가는 어울림의 세상이 더 아름답다'라는 마음으로 살아가는 사람이 되기를 바란다.

파랑: 공정함을 배우다

개인 → 사회 → 제도적 판단

공정함은 나누는 계산이 아니라, 이해하는 마음의 실천이다.

■ 단원 서문

공정함은 숫자로만 판단할 수 없다. 사람의 처지와 마음, 그리고 관계를 함께 보아야 한다.

이 단원에서는 '누가 더 옳은가?'보다 '어떻게 해야 모두가 받아들일 수 있는가?'를 묻는다.

■ 단원 결론

상대의 처지에서 바라보면 문제가 풀리듯, 사람의 마음을 더 이해했을 때 갈등은 눈 녹듯 사라진다.

진짜 공정함이란 모두를 이기는 판단이 아니라, 모두가 수긍하고 따르는 판단이다.

오십보백보

혜왕은 꽤 억울한 얼굴로 맹자에게 말했다.

"과인은 나라를 다스리는 데 정말 애썼소. 서쪽에 흉년이 들면 백성을 동쪽으로 옮기고, 동쪽이 흉년이면 다시 서쪽으로 옮겼소. 곡식도 나눠 주었고, 백성도 잘 보살폈소. 그런데 왜 이웃 나라들은 가만히 있어도 백성이 줄지 않고, 우리나라는 백성이 늘지 않고 있소?"

맹자는 잠시 왕을 바라보다가 조용히 말했다.

"왕께서 전쟁 이야기를 좋아하시니, 전쟁에 비유해 말씀드리겠습니다. 전투 중에 두 병사가 무서워서 도망쳤습니다. 한 병사는 백 보를, 다른 한 병사는 오십 보를 달아났지요. 그런데 오십 보를 도망친 병사가 백 보를 도망친 병사를 보며 '너는 정말 비겁하구나' 하고 말한다면 왕께서는 이를 어떻게 보시겠습니까?"

혜왕은 바로 대답했다.

"말도 안 되지. 백 보든 오십 보든, 도망친 건 똑같지 않소?"

맹자는 고개를 끄덕였다.

"바로 그 말씀입니다. 왕께서는 이미 스스로 답을 하셨습니다."

『맹자』 양혜왕 상편

길라잡이

1. 혜왕은 왜 스스로 '나는 잘하고 있다'라고 생각했을까?

2. 맹자는 왜 '전쟁'과 '도망'의 비유를 들었을까?

3. 오십 보와 백 보는 무엇이 같고, 무엇이 다를까?

4. 왜 사람들은 비교를 통해 위안을 얻으려 할까?

5. 시험, 다이어트, 인간관계, SNS 등에서 우리는 어떤 '오십 보'로 스스로 위로받고 있을까?

디딤돌

1. 나의 '오십 보' 찾기

요즘 내가 자주 하는 변명의 말은 무엇이 있을까?

(예: 남들보다는, 그래도 이 정도면, 완벽하진 않지만)

2. 방향 점검

나는 지금 조금 덜 도망치고 있을 뿐, 사실은 (   )에서 도망치고 있다.

※ 이 우화는 다른 사람과 비교하는 마음을 잠시 내려놓고, '나는 정말 옳은 방향으로 가고 있는가?'를 생각하며 자기의 마음속 방향을 보게 한다. '나는 남보다 낫다'라는 생각이 가장 위험한 자기기만임을 드러내며, 책의 중반부 사고 전환 지점을 단단히 잡아 준다. '지금 나는 누군가와 비교하고 있거나 혹은 나 자신을 속이고 있지는 않은가?'

* 덜 잘못했다고 해서 옳은 것은 아니다. 덜 도망쳤다고 해서 도망 안 간 것은 아니다.

* 비교는 나를 위로하지만, 내 삶의 방향까지 바꿔 주지는 않는다.

* 백 보든 오십 보든, 방향이 등을 돌렸다면 거리는 의미가 없다.

  덜 도망친 것이 용기는 아니다. 비교는 위로가 될 수 있지만, 답은 아니다.

혀, 가장 좋은 것과 가장 나쁜 것

말은 어디에서 칼이 되는가?

어느 날 왕이 광대 시몬에게 말했다.

"세상에서 가장 좋은 것을 하나 구해 오너라."

다른 광대 요한에게는 이렇게 말했다.

"너는 세상에서 가장 나쁜 것을 구해 오너라."

며칠 뒤, 두 사람은 나란히 상자 하나씩을 들고 돌아왔다. 먼저 시몬이 상자를 열자, 그 안에는 동물의 혀가 들어 있었다. 사람들이 웅성거렸다. 그런데 놀랍게도 요한의 상자 안에도 똑같이 동물의 혀가 들어 있었다.

왕은 고개를 갸웃하며 물었다.

"어찌하여 둘은 같은 것을 가져왔느냐?"

시몬이 먼저 말했다.

"임금님, 사람을 위로하는 말, 사랑하고 이해하게 만드는 말은 모두 혀에서 나옵니다. 그래서 저는 '혀가 세상에서 가장 좋은 것'이라고 생각했습니다."

요한도 고개를 끄덕이며 말했다.

"하지만 임금님, 거짓말과 험담, 다툼과 증오의 말도 모두 혀에서 나옵니다. 그래서 저는 혀가 세상에서 '가장 나쁜 것'이라고 생각했습니다."

왕은 잠시 침묵하다가 천천히 말했다.

"과연 그렇구나. 혀는 그 자체로 죄도 공도 아니다. 사람의 마음이 그것을 결정하는 것이로다."

탈무드

길라잡이

1. 왕은 왜 마지막에 '마음이 결정한다'라고 말했을까?

2. 말은 언제 '소통'이 되고, 언제 '폭력'이 될까? "농담이었어" "장난이야"라는 말은 언제 변명이 될까?

3. 침묵도 하나의 말이 될 수 있을까? 말을 하지 않는 선택은 언제 책임이 될까?

4. 문자, 댓글, 메신저의 말도 '혀'와 같을까? 얼굴을 보지 않는 말은 왜 더 날카로워질까?

디딤돌

1. 말의 방향 점검

말하기 전, 마음속으로 이 질문을 해 보자.

'이 말은 이기기 위한 말인가, 함께하기 위한 말인가?'

2. 나의 선택 연습

아래 상황에서 나는 해치는 말과 도움 주는 말 가운데 어떤 말을 주로 하나?

친구가 시험을 망쳤을 때

친구의 실수나 약점을 보았을 때

온라인에서 나와 생각이 다른 사람을 만났을 때

친구가 사람들에게 칭찬받을 때

내 자리라고 생각하는 곳에 친구가 먼저 앉아 있을 때

※ 이 우화는 '생각 → 말 → 관계'로 이어지는 연결 고리를 완성하며, 말이 관계를 맺는 도구가 되기도 하고, 상대를 해치는 칼이 될 수도 있음을 보여 준다.

이 우화는 '무엇을 말할 것인가?'보다 '어떻게 말하고 있는가?'를 묻는다. 지금 내 말은 사실을 말하고 있는가, 아니면 감정을 쏟아 내고 있는가?

통찰 긴 여운

* 말은 그 사람의 마음이 나오는 길이요, 마음을 드러내는 도구다. 말이 사람을 살릴 수도, 해칠 수도 있고, 같은 말도 의도와 상황에 따라 전혀 다른 결과를 낳는다. 그래서 말의 힘을 아는 사람일수록 말을 조심한다.
* 혀의 끝이 닿는 곳은 상대방의 마음이다. 상대에게 칼이 되어 찌를 수도, 관계의 다리가 될 수도 있다.
* 혀는 작지만, 말의 결과는 크다.
* 지혜란 무엇을 아느냐보다 언제 멈추고 어떻게 말하느냐에 있다.

거울을 처음 본 가족

보이는 것이 전부는 아니다

거울을 처음 본 한 시골 부부와 어머니 이야기다. 어느 날, 남편이 한양에 일을 보러 가게 되자. 아내가 말했다.

"여보, 올라가는 김에 빗 하나만 사다 주세요."

"빗이요? 그게 어떤 물건이오?"

"밤하늘에 떠 있는 반달처럼 생긴 물건이에요. 달을 보고 비슷한 걸 사 오시면 돼요."

남편은 고개를 끄덕이며 길을 떠났다.

며칠 뒤, 한양 장터에서 남편은 한참을 고민하다 상인에게 말했다. "달처럼 생긴 물건을 하나 주시오."

상인은 둥글고 반짝이는 거울을 내밀었다.

집으로 돌아온 남편은 아내가 기뻐할 거라 생각하며 그 물건을 건넸다. 그런데 거울을 본 아내는 깜짝 놀라 소리를 질렀다.

"아니, 여보! 빗을 사 오라 했더니 웬 젊은 여자를 데리고 온 거예요?"

소리에 놀라 시어머니가 방에서 나오셨다. 시어머니도 거울을 들여다보더니 고개를 저었다. "이왕 데려올 거면 젊은 첩을 데려오지, 어쩌자고 이렇게 늙은 첩을 데려왔느냐."

같은 물건을 들고 있었지만, 세 사람 모두 자기 자신을 보지 못했다.

홍만종의 『명엽지해』

길라잡이

1. 아내는 거울 속 인물을 누구라고 생각했나? 시어머니는 왜 전혀 다른 판단을 했을까?

2. 이 가족이 혼란에 빠진 가장 큰 이유는 무엇일까?

3. '이건 거울이야'라는 설명이 있었다면 상황은 어떻게 달라졌을까?

4. '모른다는 것'과 '확인하지 않는 것' 중 어느 쪽이 더 큰 문제일까?

5. 우리는 어떤 상황에서 '보고도 잘못 본다'고 할 수 있을까?

디딤돌

1. 이 이야기에서 어리석음의 원인은 무엇일까? 하나를 골라 그 이유를 설명해 보자.

(모르는 것 그 자체, 확인하지 않은 태도, 감정이 앞선 판단)

2. 오늘날 우리는 거울보다 SNS 사진을 더 자주 본다. 하지만 그 모습은 필터와 보정이 더해진 이미지이다.

('쟤는 왜 저렇게 완벽해?', '나는 왜 이렇게 부족하지?')

우리는 가공된 이미지를 진짜라고 믿고 상대를 오해한다. 오해를 벗어나서 사실을 바로 보는 좋은 방법은 무엇일까?

3. 댓글 속 오해

무표정한 사진 한 장을 보고 사람들은 쉽게 말한다. '성격 안 좋아 보인다.'

'늘 화나 있는 사람 같아.'

하지만 사실은 사진 찍는 게 어색했을 뿐일지도 모른다. 확인하지 않은 판단을 사실처럼 이야기하는 사람들에게 진실을 보게 하는 진실의 거울은 무엇일까?

※ 왜 웃기면서도 불편한가? 이 우화는 눈에 보이는 사실보다, 그 사실을 해석하는 방식이 얼마나 쉽게 진실을 왜곡하는지 보여 준다. 이들은 거짓을 본 것이 아니다. 보이는 사실을 잘못 해석했을 뿐이다. 문제는 눈이 아니라, 생각이었다.

이 이야기는 처음엔 웃음을 주지만 곧 질문을 던진다. '나는 지금, 무엇을 보고 믿고 있는가? 사실을 보고 있는가, 아니면 내가 보고 싶은 내 생각을 보고 있는가?'

파랑의 지혜란, 보이는 것과 나 사이에 한 걸음 물러설 줄 아는 힘이다.

통찰 긴 여운

* 보이는 것은 사실일 수 있다. 그러나 보는 방식은 진실을 왜곡할 수도 있다. 모르는 것을 확인하지 않으면, 오해는 곧 확신으로 된다.

* 보이는 것이 곧 진실은 아니다. 사실은 눈앞에 있지만, 진실은 확인할 때 드러난다. 나는 본 것을 바로 믿는 사람이 아니라, 확인한 것을 믿는 사람이 되고 싶다.

* 사람은 모를 때보다 잘못 안 채로 확신할 때 더 위험하다.

공중누각

결과만 원하면 과정은 사라진다

"이웃 마을에 아주 멋진 누각이 있다더라."

마을 사람들이 하는 말을 들은 부자는 직접 가서 그 누각을 보고 감탄했다. '그래, 나도 삼 층 누각을 하나 짓자.'

부자는 곧바로 목수들을 불러 말했다. "가장 높고, 가장 눈에 띄게 지어라."

그런데 목수들이 땅을 고르고 돌을 쌓기 시작하자, 부자의 얼굴이 굳어졌다. "왜 이렇게 느리냐? 내가 원하는 건 삼 층이다. 일 층, 이 층은 필요 없다."

목수 하나가 조심스럽게 말했다. "주인님, 기초부터 해야 합니다."

부자는 손을 저었다. "나는 맨 위층만 있으면 된다."

사람들이 수군거렸다. "아래가 없는데, 위가 설 수 있나?"

결국 아무것도 세워지지 않았다. 사람들은 서로 바라보며 말했다. "집은 땅에서 시작된다. 기초 없는 높이는 허상일 뿐이다."

『백유경』

길라잡이

1. 부자는 왜 삼 층 누각만 원했을까?

2. '삼 층'만 보게 만드는 마음은 어디에서 생길까?

3. 결과만 빨리 얻고 싶을 때, 우리는 무엇을 놓치기 쉬울까?

4. 공부, 운동, 관계에서 '기초'를 무시하면 어떤 일이 생길까?

5. '단기간 성공', '지름길', '한 방에 해결'이라는 말은 왜 늘 매력적으로 들릴까?

디딤돌

1. 삼 층만 원하는 순간 찾기

다음에 제시된 공중누각에 가까운 생각 중에서 하나를 골라 왜 그렇게 생각했는지 써 보자.

(연습은 안 해도 발표는 잘하고 싶다. 노력 없이 성적이 오르면 좋겠다.)

2. 나만의 '기초 층' 그리기

내가 이루고 싶은 목표:

그 목표를 위해 필요한 것

일 층(기초):

이 층(연습):

지금 당장 할 수 있는 가장 작은 행동은 무엇인가?

3. 공중누각 문장 바꾸기

다음 문장을 현실적인 문장으로 고쳐 보자.

나는 노력 안 해도 잘할 수 있어.

→ 나는 (　　　　　　　)을(를) 시작해야 한다.

※ 이 우화는 결과(삼 층)만 보고, 그 결과를 떠받치는 원인과 과정(기초)을 건너뛰려 할 때 생기는 대표적인 사고 오류인 '성급함'과 '지름길로 가려는 욕망'을 다루며, 사고의 깊이를 결과 중심에서 원인 중심으로 되돌리게 한다. 아래를 쌓지 않으면, 위는 결코 세울 수 없다. 사람의 삶도 그렇다. 발은 땅을 딛고 서야 하고, 그 위에 한 층 한 층 쌓아 올려야 하늘을 향한 꿈에 다가갈 수 있다. 토대 없는 계획은 공중누각이고, 근거 없는 생각은 '사상누각'이다. 먼저 서야 할 곳은 언제나 '지금, 여기, 발밑'이다.

이성적 판단과 인과 사고를 가장 분명히 드러내는 이야기로 파랑 단원에 잘 어울리는 이야기이다.

파랑의 지혜란, 눈에 보이는 꼭대기보다 보이지 않는 바닥을 먼저 살피는 힘이다.

통찰 긴 여운

* 원인을 건너뛴 결과는 가질 수 없는 허상을 원하는 것이다.

* 빨리 올라가기보다 먼저 단단히 서는 법을 배워야 한다.

* 결과는 갑자기 생기지 않는다. 보이지 않는 과정이 결과를 만든다.

* 결과를 바라는 성급함은 가장 먼저 기초를 버리게 만든다.

역지사지

자리를 바꾸면, 길이 보인다

마을 어귀에서 두 사람이 얼굴을 붉히고 있었다. 한 사람은 물길을 막은 농부였고, 다른 한 사람은 물을 기다리는 이웃이었다.

농부가 말했다. "이 물은 내 논으로 먼저 들어와야 하오. 내가 씨를 먼저 뿌렸소." 이웃이 맞섰다. "그렇다면 우리 논은 어찌하란 말이오? 논이 타들어 가는데도 가만히 보고만 있으란 말입니까?"

그때 지나가던 노인이 걸음을 멈췄다. "잠시만. 자리를 바꿔 생각해 보게."

농부가 물었다. "무슨 말씀입니까?"

노인은 물길을 가리켰다. "그대가 저 사람이라면 어떻겠나? 저 사람이 그대라면 또 어떻겠고."

농부는 말이 없었다. 노인은 천천히 말을 이었다. "우 임금은 물을 다스릴 때, 자기 앞의 물부터 막지 않았고, 후직은 씨앗을 나눌 때, 자기 밭만 먼저 생각하지 않았네."

농부가 중얼거렸다. "그분들은 성인이잖습니까?"

노인은 미소 지었다. "맹자는 말했지. 자리가 바뀌면 누구라도 그렇게 생각했을 거라고."

이웃이 조심스럽게 말했다. "내가 그대라면 나도 물이 급했을 것이오."

농부가 한숨을 쉬었다. "내가 그대였다면 나도 화가 났겠지."

그는 막아 두었던 돌을 옮겼다. 물은 두 논으로 나뉘어 흘렀다.

농부가 말했다. "나는 그동안 내 쪽에서만 생각했군."

이웃이 웃으며 답했다. "자리를 바꾸니 길이 보였소."

노인은 돌아서며 말했다. "역지사지는 어려운 말이 아니네. 먼저 내 입장을 내려놓는 것일 뿐."

『맹자』 이루 편

길라잡이

1. 두 사람은 왜 다투고 있었나?

2. 노인은 어떤 방법으로 갈등을 풀어 주었나?

3. 왜 사람은 자기 입장만 보면 화가 더 커질까?

4. 상대를 이해하면 문제 해결이 쉬워지는 이유는 무엇일까?

5. 역지사지는 말로는 쉬운데, 왜 실천하기는 어려울까?

6. 친구 관계, 가족, 온라인 갈등에서 '자리를 바꿔 생각해 본 경험'이 있나?

디딤돌

1. 자리 바꾸기 연습

다음 상황에서 상대의 마음을 헤아려 보자.

친구가 약속에 늦었을 때, 그 친구의 마음은

친구가 시험에 떨어졌을 때, 그 친구의 마음은

2. 내 마음 점검하기

최근에 내가 화가 났던 상황을 떠올려 보자.

그때 나는 왜 그렇게 생각했나? 만약 자리를 바꿔 생각하면 어떤 말을 했
을까?

3. 실천 문장 완성

"앞으로 나는 화가 날 때, (　　　　　)을(를) 한 번 더 생각해 보겠다."

※ 역지사지는 단순한 예절이 아니라 관계와 갈등을 해결하는 가장 기본적
인 사고방식이다. 역지사지는 '생각의 정확성'을 '사람 사이의 이해'로 확
장하는 결정적 전환 우화다.
나는 관계 속에서 얼마나 상대의 자리에 서 보려고 노력하는가?
문제를 풀기 어려울수록, 답은 상대의 자리 쪽에 있다.

〔 통찰 긴 여운 〕

* 관계의 길은 늘 상대의 처지를 이해하는 데서 시작된다. 상대 입장에 서서
생각하면, 상대방의 마음을 이해하게 된다.

* 나는 이기기보다 이해하는 쪽을 선택하고 싶다. 갈등의 대부분은 입장의
차이가 아니라 시선의 차이에서 생긴다.

* 상대를 이해하는 것이 곧 내가 틀렸다는 것을 인정하는 것은 아니다. 공감은
약함이 아니라 함께하는 힘이다. 자리를 바꾸면, 문제의 모양이 달라진다.

* 내가 옳다고 느낄수록 한 번쯤은 자리를 바꿔 서서 봐야 한다. 판단을 잠시
멈추고 상대의 입장에 서 보는 것은 용기다.
물은 흘렀고, 사람들의 마음도 함께 풀려 흘렀다.

나뭇잎 하나로 눈을 가리고

일엽장목(一葉障目)

초나라 땅에 가난한 서생이 살고 있었다. 하루는 책을 읽다 문득 눈을 반짝였다.

"사마귀가 매미를 잡을 때 나뭇잎으로 몸을 가린다고 했지. 그렇다면 나뭇잎 하나만 있으면 남의 눈을 가릴 수 있겠구나."

서생은 곧 밖으로 나가 나뭇잎을 한 아름 따 왔다. 나뭇잎을 들고 아내에게 물었다. "이걸로 눈을 가리면 정말 안 보이겠지?"

아내가 대답했다. "보여요."

서생은 다른 나뭇잎을 들었다. "그럼 이건 어떻소?"

"여전히 보여요."

이런 질문이 하루 종일 이어졌다. 아내는 점점 지쳐 갔다. 마침내 아무 생각 없이 말했다. "이제 안 보여요."

그 말을 듣자마자 서생은 벌떡 일어났다. "드디어 찾았다!"

그는 그 나뭇잎을 꼭 쥐고 저잣거리로 나갔다. 눈을 가린 채 중얼거렸다. "이젠 아무도 날 못 보겠지."

그는 물건을 집어 들었다. 그 순간 큰 소리가 났다. "거기! 뭐 하는 거요!"

사람들이 몰려들었고 서생은 관아로 끌려갔다. 관아에서 관리가 물었다. "왜 훔쳤느냐?"

서생은 아주 진지하게 대답했다. "나뭇잎으로 눈을 가리면 아무도 나를 보지 못합니다. 그러니 아무도 못 봤을 겁니다.”

관리와 아전들이 한바탕 웃음을 터뜨렸다.

“네 눈을 가린 것이지, 세상의 눈을 가린 것이 아니다.”

관리는 웃음을 참으며 말했다.

“어리석음도 벌이 되지만, 이 경우엔 가르침이 더 필요하겠구나.”

서생은 풀려났지만, 사람들은 이 일을 오래 기억했다.

『태평어람』

길라잡이

1. 서생은 왜 나뭇잎 하나로 남을 속일 수 있다고 믿었을까?

2. 아내의 마지막 대답은 왜 문제가 되었을까?

3. 우리는 왜 듣고 싶은 말만 믿게 될까?

4. ‘내가 안 보이면 남도 나를 못 본다’라는 생각은 어떤 착각일까?

5. 오늘날 ‘일엽장목’과 비슷한 모습은 어디에서 볼 수 있을까?

   (SNS, 뉴스, 인간관계, 공부 등)

6. 왜 사람은 현실보다, 믿고 싶은 것을 먼저 믿을까?

1. 나의 일엽장목

'나는 (   )할 때, 일엽장목처럼 생각한 적이 있다.'

2. 말 한마디의 힘

아내가 끝까지 솔직하게 말했다면 이 일은 어떻게 달라졌을까?

서생의 행동은?

사건의 결과는?

※ 이 우화는 사람이 세상을 판단할 때, 얼마나 쉽게 현실에서 벗어나는지를 보여 준다. '보았다'라는 사실과 '맞다'는 믿음이 얼마나 다른 것인지 보여 준다.

독자가 자연스럽게, '혹시 나도 나 자신이 만든 착각 속에 있는 것은 아닌가?' 스스로 돌아보게 만드는 이야기이다.

세상은 내가 보는 만큼만 존재하는 것은 아니다. 눈을 가리는 나뭇잎은, 언제나 내 손에 있다. 작은 잎 하나에 가려 큰 세상을 보지 못한 사람 이야기. 그래서 우리는 이렇게 말한다. 부분에 빠져 전체를 잊는 것, 그것이 바로 일엽장목이다.

눈 가리고 아웅이라는 말은 결국, 자기 자신에게 하는 말이다.

파랑의 지혜란, 내가 보고 있는 것이 전부가 아닐 수 있음을 인정하는 용기다.

* 내 눈을 가린다고, 세상의 눈이 가려지지는 않는다. 사실을 가리는 것은 나뭇잎이 아니라 자기 확신이다.

* 현실을 가리는 것은 나뭇잎이 아니라, 확인하지 않으려는 내 마음이다.

백정 포정의 소를 잡는 법

문혜왕을 위해 한 백정이 소를 잡고 있었다. 그의 손이 닿는 곳마다, 어깨가 기대는 곳마다, 발과 무릎이 움직이는 자리마다 살과 뼈가 저절로 갈라졌다. 칼이 지나갈 때마다 설경, 설경, 그 소리는 마치 음악처럼 절도에 맞아떨어졌다. 그의 동작은 춤 같았고, 멈춤과 나아감에는 분명한 법도가 있었다.

문혜왕이 감탄하며 말했다.

"훌륭하도다! 재주가 어찌 이 지경에 이를 수 있는가?"

백정은 칼을 내려놓고 공손히 대답했다.

"전하, 제가 펼치는 것은 재주가 아니라 도(道)입니다."

왕이 눈을 크게 떴다. "도(道)라니?"

백정이 말을 이었다. "처음 소를 잡을 때에는 눈에 보이는 것이 전부 소였습니다. 그러나 삼 년이 지나자 더는 완전한 소가 보이지 않았습니다. 지금은 눈으로 보지 않고 정신으로 소를 대합니다."

왕이 물었다. "그러면 손은 어찌 움직이는가?"

백정이 웃으며 답했다. "감각은 멈추고, 정신이 이끕니다. 소의 천연한 결을 따라 큰 틈을 쪼개고, 큰 구멍을 따라 칼을 넣습니다. 그래서 힘줄에 걸리지 않고, 질긴 근육에도 막히지 않습니다. 하물며 큰 뼈에야 어찌 부딪히겠습니까?"

문혜왕이 고개를 끄덕였다. "그래서 칼이 닳지 않는 것이로구나."

백정이 말했다. "훌륭한 백정은 해마다 칼을 바꾸는데 살을 자르기 때문입니다. 보통 백정은 달마다 칼을 바꾸는데 뼈를 자르기 때문입니다. 그러나 제 칼은 십 년이 넘었고 수천 마리의 소를 잡았으나 아직도 새것과 같습니다."

왕이 물었다. "어찌 그럴 수 있는가?"

백정이 천천히 말했다. "뼈마디에는 틈이 있고 칼날은 그보다 얇습니다. 얇은 것을 틈에 넣으니 휑하니 지나갈 뿐 거침이 없습니다."

잠시 말을 멈춘 뒤 그가 덧붙였다.

"다만, 뼈와 살이 엉긴 곳을 만나면 저 역시 어렵습니다."

왕이 물었다. "그땐 어찌하는가?"

"더 조심합니다. 눈은 집중하고, 동작은 늦추고, 칼은 아주 미세하게 움직입니다. 그러면 살과 뼈가 후드득 떨어집니다. 그때 저는 칼을 들고 서서 사방을 둘러보며 충분히 만족한 뒤 칼을 닦아 잘 간수합니다."

문혜왕은 깊이 숨을 내쉬었다.

"훌륭하다. 나는 그대의 말을 듣고 삶을 기르는 방법을 알게 되었도다. 억지로 베지 않고, 결을 거스르지 않으며, 힘을 쓰되 과하지 않는 것."

『장자』제물론

핵심 키워드: 방법, 숙련, 조화, 삶을 다루는 지혜

길라잡이

1. 포정의 칼이 오래도록 닳지 않는 이유는 무엇인가?

2. 백정이 말한 '도(道)'는 단순한 기술일까, 아니면 삶의 태도일까?

3. 백정은 어려운 부분을 만났을 때 '멈추고, 늦추고, 더 조심 한다'라고 했을까?

4. 살면서 '억지로 하려다 오히려 일이 꼬인' 경험은 없었나? 공부, 관계, 목표
   중 하나를 골라 나름의 '결을 따르는 방법'을 말해 보자.

5. 잘하려는 마음은 언제부터 억지가 되는가?

디딤돌

1. '힘'과 '결' 구분하기: 아래 상황을 어떻게 푸는 것이 좋을까?

친구와의 갈등:

갖고 싶은 비싼 물건 구하기:

좋은 습관 만들기:

**2. 나의 '칼' 점검하기: 내가 너무 자주 닳게 쓰고 있는 것은 무엇일까? (노력,
감정, 시간, 관계…….)**

백정의 말 중 지금 나에게 가장 필요한 문장을 골라 적어 보자.

3. 연결 읽기

백정이 소를 잡는 법 → 결을 따르고, 힘으로 하지 않는다.

※ 이 우화는 현실과 조화를 이루는 긍정적 삶의 기술을 제시한다. 억지로 자르면 부딪치고, 결을 따르면 흐른다. 백정은 소를 해체하는 이야기를 했지만, 문혜왕은 삶을 살아가고 백성을 다스리는 도를 보았다. 힘으로 밀어붙이던 사고는 여기서 멈추고, 이제 결을 읽는 지혜로 나아간다. 지혜는 억지로 하는 것이 아니라, 순리를 따르는 데에 있다.

'얼마나 열심히 하는가?'가 아니라 '어떻게 다루는가?'가 지혜의 핵심임을 보여 준다.

통찰 긴 여운

* 나는 문제를 빨리 해결하려 애쓰는 사람이 아니라, 잘 헤아리는 사람이 되고 싶다.
* 지혜란 힘을 덜 쓰는 기술이 아니라 문제와 어울리는 방법이다.
* 지혜는 더 세게 하는 것이 아니라, 어울려 조화를 이루는 데 있다. 파랑의 지혜란 힘과 조화를 구별할 줄 아는 능력이다.

우물 속 달을 건지려 한 원숭이들

"어이, 저거 봐요! 우물 속에 뭐가 있어요!" 한 원숭이가 우물가에서 소리쳤다. 다른 원숭이들이 우르르 모여들었다.

"달이다, 달! 저렇게 환한 걸 보니 분명 달이야!"

물속에는 둥글고 환한 달이 고요히 떠 있었다.

우두머리가 말했다. "큰일이다. 달이 하늘에서 떨어졌구나."

"에이, 설마요." "아니야, 봐라. 우물 속에 있지 않느냐?"

다른 원숭이가 물었다.

"저 달을 그냥 두면 어떻게 되죠?" "어떻게 되긴. 세상이 캄캄해지겠지."

"그럼, 우리가 건져야겠네요." "그래. 우리가 아니면 누가 하겠느냐."

잠시 침묵이 흘렀다. "어떻게 건지죠?"

우두머리가 나뭇가지를 가리켰다. "내가 이 가지를 잡겠다. 너는 내 꼬리를 잡고, 그다음은 또 그 꼬리를 잡아라."

"아, 꼬리에 꼬리를?" "그래. 맨 아래 녀석이 달을 꺼내면 된다."

원숭이들은 고개를 끄덕였다.

"좋은 생각이에요!" "힘을 합치면 못 할 게 없죠!"

원숭이들은 꼬리에 꼬리를 붙잡고 우물 속으로 내려갔다.

"조금만 더!" "거의 닿았어요!" "위에서 좀 단단히 잡아요!"

그 순간, 우지끈! 나뭇가지가 부러졌고, 원숭이들은 우물 속으로 와르

르 떨어졌다. 젖은 꼬리를 털며 서로를 바라보았다.

"달은 어디 있지?" 그때 한 원숭이가 조심스럽게 고개를 들었다. "저기, 하늘에요." 모두 동시에 위를 올려다보았다. 달은 아무 일도 없었다는 듯 여전히 하늘 한가운데서 환하게 빛나고 있었다.

우두머리가 머리를 긁적였다. "그럼, 우리가 본 건 뭐였지?"

누군가 작게 말했다. "달이 아니라, 물에 비친 거였던 것 같아요."

잠시 침묵이 흘렀다. 그리고 또 다른 원숭이가 중얼거렸다.

"우린 달을 구하려다, 사실은 자기 생각만 믿고 뛰어든 거네."

『백유경』

핵심 키워드: 착각, 확인, 거리 두기, 생각 점검

길라잡이

1. 원숭이들은 왜 우물 속에 달이 있다고 믿었나?

2. 원숭이들이 하늘을 먼저 봤다면 일이 어떻게 달라졌을까?

3. '힘을 합쳤는데도' 달을 못 건진 이유는 무엇일까?

4. 여러 사람이 같은 생각을 하면, 그 생각은 언제나 옳을까?

5. 우리는 언제 '비친 것'을 '진짜'라고 착각할까?

6. 오늘날 우리 주변의 '우물'은 어디에 있을까?

   (SNS, 단체 채팅방, 댓글 여론 등)

1. '비친 것' 찾기

다음 중 겉으로만 그럴듯해 보이는 것은 무엇일까?

(소문, 직접 본 사실, 다수가 믿는 이야기, 한 번 더 확인한 정보)

왜 그렇게 생각했는지 써 보자.

2. 원숭이의 선택 바꾸기

원숭이들에게 딱 한 마디만 해 줄 수 있다면 무슨 말을 해 주고 싶은가?

(예: 하늘부터 봐, 만져 보고 생각해!, 잠깐 멈춰!)

해 주고 싶은 말:

그 말이 왜 중요하다고 생각했나?

3. 지금 내 주변의 '우물'

'비친 달'을 '진짜 달'처럼 믿은 적은 없었나? 적어 보자.

4. 질문 전환

'원숭이는 왜 어리석었나?'를 '왜 아무도 하늘을 보지 않았지?'

자주 사용하는 말 중에서 질문을 전환해야겠다고 생각되는 것을 찾아 바

꾸어 보자.

※ 이 우화는 어리석음을 비웃는 이야기가 아니라, 확인하지 않은 확신이 어

떻게 집단 전체를 위험에 빠뜨리는지를 보여 준다.

'왜 사람들은 혼자보다 함께 더 쉽게 틀리는가?' 묻고 '함께 믿을 때 더 위

험해지는 착각'을 우리에게 보여 준다. 파랑의 지혜는 믿음보다 한 걸음 떨어져 사실을 보는 데서 시작된다. '의심이 없는 믿음은 생각을 멈추게 하고, 생각이 멈추면 모두가 함께 오류에 빠진다.'

파랑 단원은 개인 인식 오류, 관계 속 착각, 집단 확신의 위험 그리고 이후 관점 전환과 조화로 나아갈 준비를 마친다.

通찰 긴 여운

* 확인하지 않은 믿음은 집단을 위험에 빠뜨린다. 다 같이 믿고 있다는 이유만으로 안심했던 적은 없었을까?
* 여럿이 믿는다고 다 참이 되는 것은 아니다. 사실을 먼저 확인해야 한다. 확인하지 않은 믿음은 모두를 함께 우물 속으로 끌고 들어간다. 건져야 할 것은 달이 아니라, 내려놓아야 할 착각이다.

의사가 공주에게 약을 주어
갑자기 자라게 한 이야기

왕이 갓 태어난 공주를 안고 의사를 불러 말했다.

"내 딸을 당장 크게 해라. 아이를 키우는 데 시간을 쓰고 싶지 않다."

의사는 잠시 공주를 바라보다가 조심스럽게 말했다.

"폐하, 공주를 크게 하는 약은 있습니다."

왕의 눈이 번쩍였다. "정말이냐?"

"그러나 그 약은 지금 당장 구할 수 없습니다. 약을 구할 동안은 공주를 보지 않으셔야 합니다. 약을 쓴 뒤에야 다시 뵙게 하겠습니다."

왕은 잠시 생각하다 고개를 끄덕였다. "좋다. 그대에게 맡기겠다."

의사는 집을 떠났다. 열두 해가 흘렀다. 어느 날, 의사가 약을 구해 다시 궁으로 돌아왔다. 그는 공주에게 약을 먹이고 왕 앞으로 데려갔다.

왕은 눈을 크게 뜨고 소리쳤다. "아니! 이 아이가 내 딸이란 말이냐? 이렇게 컸단 말인가?"

왕은 크게 기뻐하며 말했다. "참으로 신묘한 의사로다. 약 한 번으로 공주를 이렇게 빨리 자라게 하다니!"

그리고 신하들에게 명했다. "이 의사에게 진귀한 보물을 내려라."

신하들은 서로 눈을 마주 보며 속삭였다. "이미 열두 해가 지났는데 공주가 자란 걸 약 덕으로 아시네."

사람들은 왕의 무지를 비웃었다. 그러나 세상 사람들도 이와 다르지 않다.

"스승님, 도를 가르쳐 주십시오." "당장 깨닫게 해 주십시오."

조금 시간이 흐른 뒤 사람들은 말한다.

"아, 역시 스승님이 위대하십니다. 저희가 이렇게 빨리 자란 것이 모두 가르침 덕분입니다."

하지만 정작 그들이 자란 것은 날마다의 삶과 시간 덕분이었다.

『백유경』

길라잡이

1. 왕은 왜 공주를 빨리 자라게 하고 싶었을까?

2. 의사는 실제로 어떤 '약'을 사용했나?

3. 왕은 왜 공주의 성장을 약 덕분이라고 믿었을까?

4. 사람들은 왜 '시간의 힘'을 잘 느끼지 못할까?

5. 왕의 태도는 우리 주변에서 어떤 모습으로 나타날까?

6. '단번에 바꾸고 싶다'라는 마음은 왜 생길까?

1. 약일까, 시간일까?

'시간이 만든 변화'가 필요한 것을 찾아 그 이유를 쓰자.

1) 키가 크는 것

2) 성적이 오르는 것

3) 성격이 차분해진 것

2. 나의 '보이지 않는 성장'

예전에는 못했지만 요즘 자연스럽게 잘하게 된 것은 (   )이다. 그것

은 (   ) 덕분에 조금씩 자란 것이다.

3. 한 문장 통찰 만들기

이 우화의 뜻을 문장으로 써 보자.

(   )은(는) 단번에 얻는 것이 아니라, (   ) 속에서 자란다.

※ 사람은 어느 날 갑자기 자라는 것처럼 보이지만, 사실은 매일 조금씩 자라

고 있었다. 성장은 약으로 앞당길 수 없고 깨달음은 주문처럼 얻어지지 않

는다. 이 이야기는 '즉각적 성취의 환상'을 해체한다. '착각을 바로잡는 것'

에서 한 걸음 더 나아가 성장이 실제로 어떻게 일어나는가를 보여 준다.

파랑은 서두르지 않는 용기를 가르친다. 이로써 파랑 단원은 착각을 비추

고 판단을 점검하며 결국 시간을 신뢰하는 태도로 귀결된다.

'나는 지금 결과를 서두르고 있는가, 시간을 믿고 있는가?'

* 기다릴 줄 아는 사람만이 이미 자라고 있는 것을 알아본다.

* 시간은 말하지 않지만, 가장 확실하게 일을 한다.

* 성장은, 배움은, 깨달음은 기다림 속에서 완성된다.

* 바로 바꾸고 싶어 하는 마음 자체가 착각일 수 있다.

작은 문(門)과 큰 말(馬)

힘이 강대한 초나라 왕은 다른 나라에서 오는 사신들을 시험 삼아 놀리기를 즐겼다.

어느 날, 이웃 나라인 제나라에서 몸집이 작기로 소문난 안영이 사신으로 온다는 소식이 전해졌다. 초왕은 힘의 우위에 서서 상대를 낮추려고 문지기에게 말했다. "정문 말고, 옆에 있는 작은 문으로 안영을 들여보내거라."

사신이 도착하자 문지기가 작은 문을 가리켰다.

"이쪽으로 들어가시오."

안영은 작은 문 앞에 잠시 멈춰 서서 고개를 들어 문지기를 바라보며 말했다. "이 문은 사람이 아니라 개가 드나드는 문이군요."

문지기가 흠칫했다.

"제가 개 나라에 온 사신이라면 이 문으로 들어가겠지요. 하지만 사람의 나라에 온 사신이라면, 정문으로 가야 하지 않겠습니까? 어느 문으로 들어갈까요?"

문지기는 얼굴이 붉어졌고, 결국 정문을 열었다. 정문이 열리자, 왕의 비웃음이 기다리고 있었다.

"이렇게 작은 자를 보낼 정도로 그대 나라에는 사람이 없소?"

안영은 웃으며 말했다.

“사람의 크기로 나라를 판단하지 마십시오. 우리나라는 상대 나라를 보고 사신을 보냅니다. 어진 임금이 있는 나라에는 어진 이를 보내고, 그렇지 않은 나라에는 저 같은 사람을 보냅니다.”

왕은 말문이 막혔다.

마침 그때 군사들이 죄인 하나를 끌고 지나갔다.

왕이 물었다. “무슨 죄를 지었느냐?”

군사가 말했다.

“저자는 사신의 나라 출신인데, 도둑질을 했습니다.”

왕은 사신을 보며 물었다.

“그대 나라 사람들은 원래 도둑질을 잘하오?”

안영은 잠시 하늘을 보더니 이렇게 말했다.

“귤나무는 강남에서는 달콤한 귤이 되고, 강북에서는 시고 딱딱한 탱자가 됩니다. 나무가 바뀐 것이 아니라, 땅이 달라진 것이지요. 그 사람이 이 나라에 와서 도둑이 되었다면, 그 이유도 이 나라의 풍토에 있지 않겠습니까?”

왕은 더 이상 말하지 못했다. 그날 이후 그는 안영을 귀한 손님으로 대했고, 작은 몸에서 나온 큰 말의 힘을 오래도록 잊지 못했다.

『안자춘추』

길라잡이

1. 초왕은 왜 안영을 작은 문으로 들여보내려 했나?

2. 안영의 첫 번째 대답이 효과적이었던 이유는 무엇일까?

3. '귤과 탱자'의 비유는 무엇을 말하려는 것인가?

4. 사람을 겉모습이나 조건으로 판단하면 어떤 일이 생길까?

5. 나는 사람을 어떤 기준으로 평가하고 있나?

디딤돌

1. 다음 중 '사람의 가치'를 가장 잘 보여 주는 것은 무엇이라고 생각하나? 그 이유도 써 보자.

2. 만약 내가 '안영'이라면, 작은 문 앞에서 어떤 말을 했을까?

3. 한 문장 통찰 쓰기

사람은 (   )로 평가받아야 한다.

※ 앞선 우화가 보이지 않는 시간의 힘, 조급함의 환상을 다뤘다면, 이 우화는 눈에 보이는 조건이 얼마나 쉽게 사람을 속이는지를 보여 준다.
당당함은 무례가 아니라 자기 존중이다. "그렇다면 우리는 사람을 어떤 기준을 가지고 존중해야 하는가?" 이 이야기는 사람을 판단하는 기준을 바로 세우는 근거를 제시한다.

'나는 지금, 사람을 무엇으로 판단하고 있는가?'

통찰 긴 여운

* 사람의 값은 몸이 아니라, 말에서 드러난다. 말은 나라를 대신했고, 존중은 상대의 태도를 바꾼다.
* 존엄은 키가 아니라 태도에서 나온다. 나를 작게 만드는 것은 몸이 아니라 내가 나를 대하는 방식일지도 모른다.
* 사람을 작게 대하는 순간, 그 말과 태도가 먼저 작아진다. 몸은 작아도 말이 바르면, 품격은 그 말만큼 커진다. 재치는 힘에 맞서 싸우는 칼이 아니라, 막힌 상황을 여는 열쇠이다.
* 사람의 크기는 스스로 지키는 존엄만큼이다.

원님과 이방 부인의 지혜 겨룸

새로 부임한 원님은 고을에 도착하자마자 이방의 부인이 절세미인이라는 말을 들었다. 보고 싶다는 마음은 곧 갖고 싶다는 욕심이 되었고, 원님은 이방을 불러 내기를 제안했다.

"나는 돈을 걸겠다. 너는 네 아내를 걸어라."

거절할 수 없는 터무니없는 명령이었다. 이방은 집으로 돌아와 한숨만 쉬었다. 부인은 사연을 듣더니 웃으며 말했다.

"걱정 마세요. 이번 내기는 제가 나가겠습니다."

부인이 원님 앞에 섰다. 원님은 사람을 깔보는 눈으로 물었다. "하루에 해는 몇 리를 가느냐?"

"오십 리입니다."

원님이 비웃으며, "어찌 그리 적으냐?"

부인은 태연히 말했다.

"아침에 해 뜰 때, 머리를 빗고 길을 나서 동쪽에서 오십 리 떨어진 친정에 다녀오면 해가 집니다."

원님은 말문이 막혔다. 이번에는 부인이 문간에 서서 물었다.

"제가 이 문으로 나가겠습니까, 저 문으로 나가겠습니까?"

원님은 아무 말도 하지 못했다. 답이 없는 질문이었기 때문이다.

원님은 웃음을 띠고 다시 물었다.

"저 솔밭에 나무가 몇 그루냐?"

부인은 잠시 숲을 바라보다가 말했다.

"빽빽하게 섰으니, 백백이면 이백이고, 칠칠하게 섰으니, 칠칠은 사십구이니, 모두 이백마흔아홉 그루입니다."

원님은 맞았는지 틀렸는지 알 수 없어 말을 삼켰다.

마지막으로 원님은 제 머리를 가리켰다.

"그럼 내 머리는 몇 근이나 나가느냐?"

"일곱 근 반입니다."

"어찌 아느냐?"

부인은 태연히 말했다. "베어 달아 보면 알 수 있습니다."

그제야 원님은 웃음을 거두고 졌다고 고개를 끄덕였다. 그날 원님은 약속한 돈을 내주었다. 부인은 문을 나서며 말했다.

"사람을 권력으로 핍박하고 문제를 내면 이길 것 같아도, 뜻을 묻는 질문 앞에서는 힘이 먼저 길을 잃습니다."

한국구비문학대계

길라잡이

1. 원님은 왜 이방의 아내를 내기에 걸게 했나?

2. 부인의 대답들에는 어떤 공통점이 있나?

3. 원님이 진짜로 진 순간은 언제라고 생각하나?

4. '답이 없는 질문'이란 어떤 질문일까?

5. 면접, 시험, 토론에서 우리는 사람을 평가하는 질문을 어떻게 만들어야 할까?

디딤돌

1. 이야기 속 질문을 다음과 같이 나누어 보자.

정답이 있는 질문:

정답이 없는 질문:

2. 원님의 질문 하나를 골라 사람을 존중하는 질문으로 바꿔 보자.

3. 직접 '좋은 질문' 만들기

면접관이 되었다 상상하며 사람의 인성을 보기 좋은 질문을 만들어 보자.

※ 앞선 우화들이 시간의 신뢰, 말과 품격을 다뤘다면, 이 이야기는 그 말이 '권력'과 결합될 때 무엇이 되는가를 드러낸다.

이 이야기는 여기서 묻는다. '질문은 언제 나눔이 아니라 폭력이 되는가?'

* 지혜는 계산이 아니라, 질문의 틀을 바꾸는 힘이다.

* 이기는 말보다 사람을 풀어 주는 말이 더 오래 남는다.

* 질문도 폭력이 될 수 있다. 지혜는 상대를 굴복시키지 않는다.

  질문은 문제를 해결할 때 빛나고, 사람을 핍박할 때 가장 위험해진다.

* 힘은 답을 요구하지만, 지혜는 질문을 되돌린다.

* 승패는 지식의 문제가 아니라 태도의 문제다.

* 지혜는 많이 아는 것이 아니라, 함부로 묻지 않는 것이다.

* 권력은 숫자로 재려 하지만, 지혜는 그 잣대 자체를 부러뜨린다.

누가 예쁜 사람인가

양자가 송나라로 가던 길에 잠시 걸음을 멈추고 한 여관에 묵게 되었다. 여관에는 두 여인이 일을 하고 있었다.

한 사람은 한눈에 봐도 예뻤고, 다른 한 사람은 그다지 눈에 띄지 않았다. 그런데 예쁜 여인은 구석에서 허드렛일만 하고 있었고, 그다지 예쁘지 않은 여인은 주인의 신임을 받으며 중심에서 일하고 있었다.

양자는 여관 주인에게 물었다. "어찌하여 저리 다릅니까?"

주인은 웃으며 말했다.

"예쁜 여인은 자기가 예쁜 줄을 압니다. 그래서 말과 행동에 마음을 다하지 않습니다."

주인은 잠시 숨을 고르고 말을 이었다.

"그러다 보니 제 눈에는 그가 예쁜지도 모르겠더군요. 반면 저 여인은 스스로 부족하다고 여깁니다. 그래서 한마디 말에도 최선을 다하고, 한 가지 일도 허투루 하지 않습니다. 그러다 보니 제 눈에는 그가 추한지도 모르겠습니다."

양자는 고개를 끄덕이며 말했다.

"지혜도 이와 같겠지요. 현명하게 행동하되 스스로 현명하다고 여기지 않는다면, 어디서든 사랑을 받지 않겠습니까."

『한비자』 설림상

길라잡이

1. 여관 주인이 말한 '예쁨'은 무엇을 뜻하나?

2. '스스로 잘났다고 여기는 마음'은 왜 사람을 멀어지게 할까?

3. 학교에서 '눈에 띄는 사람'과 '신뢰받는 사람'의 차이는?

4. 일상에서 우리는 언제 '보이려는 사람'이 되고, 언제 '맡길 수 있는 사람'이 될까?

디딤돌

1. 보이는 모습과 보이지 않는 태도

사람들이 나를 좋게 보는 이유 한 가지

내가 더 신경 쓰고 싶은 태도 한 가지

2. 말과 행동 돌아보기

오늘 하루를 떠올려 보자.

내가 가장 성실했던 순간은?

내가 대충 넘긴 순간은?

3. 겸손 선언문

나는 (　　　　)을(를) 잘하지만, 그것을 자랑하기보다 (　　　　)로 보여 주고 싶다.

※ 앞 이야기는 말과 지혜의 날카로움(말의 힘)을 보여 주었고, 이 이야기는 태도와 겸손의 깊이(태도의 힘)를 통해서 '보이는 가치와 실제 가치의 차이'를 드러낸다.

지혜는 한 번의 말이 아니라, 매일의 태도에서 관계를 어떻게 만드는가를 보여 준다. 파랑은 지혜가 눈에 띄는 재능이 아니라 관계 속에서 쌓이는 신뢰라고 말한다.

파랑 단원은 말 → 질문 → 권력 → 태도 → 관계로 이루어졌다.

※ 예쁨은 타고나는 것이고, 사랑받음은 만들어 가는 것이다.

드러내는 순간 빛은 사라지고, 비우는 자리에서 사람은 빛난다.

훌륭한 사람이라 하더라도 스스로 훌륭하다고 내세우는 순간, 그 훌륭함은 저 멀리 멀어진다.

"나는 눈에 띄는 사람이 되고 싶은가, 믿을 수 있는 사람이 되고 싶은가?"

통찰 긴 여운

* 겉모습이나 능력보다 태도가 사람을 빛나게 한다. 드러내지 않아도 사람은 태도로 기억된다.
* 사람을 오래 예쁘게 만드는 것은 재능이 아니라 태도다.
* 말이 문을 연다면, 태도는 그 문 안에 사람을 머물게 한다.
* 겸손은 사람을 보이게 하고, 자만은 스스로 가린다.
* 예쁨은 눈에 먼저 띄지만, 신뢰는 시간 속에서 드러난다.

파랑 단원 마무리

현실을 바로 보고, 사람을 깊이 이해하는 통찰의 장이다.

'열심히'보다, '정확하게 보는 힘'을 요구한다.

'나 → 타인 → 관계 → 삶의 태도'로 사고를 확장하는 단원이다.

■ 파랑 단원 우화 흐름

1. 현실 인식의 오류 — 내 눈을 가리고, 세상이 없다 한다

'나뭇잎 하나로 눈을 가리고 — 일엽장목'

* 핵심 통찰: "내 눈을 가린다고, 세상의 눈이 가려지지는 않는다."

* 역할: 자기중심적 확신의 위험, 듣고 싶은 말만 믿는 인간 심리를 적나라하게 드러낸다. 현실은 왜곡되어 있지 않은데, 사람이 스스로 왜곡한다.

2. 집단 착각과 검증 실패 — 함께 틀리는 이유

'우물 속 달을 건지려 한 원숭이들'

* 핵심 통찰: 확인하지 않은 믿음은 모두를 우물 속에 빠뜨린다.

* 역할: 개인 착각 → 집단 착각으로 확장, '생각이 모여도 틀릴 수 있음'을 보여 준다.

'거울을 처음 본 가족 ― 보이는 것이 전부는 아니다'

* 핵심 통찰: 보았다고 믿는 것과 확인하는 것은 다르다.

* 역할: 검증되지 않은 지식의 허약함을 보여 준다.

* 비판적 사고 훈련 완성: 눈앞에 보인다고 진실이 되는 것은 아니다. 검증하
  고 확인하는 것은 개인과 사회의 책임이다.

3. 방법과 조화 ― 힘이 아닌 결

'백정 포정의 소를 잡는 법'

* 핵심 통찰: 지혜는 더 세게 하는 것이 아니라, 거슬리지 않고 순리를 따르는
  데 있다.

* 역할: 생각의 전환점이자 판단에서 삶을 다루는 기술로 확장시킨다.

* 사고 변화: '처음 등장하는 지혜의 형태'를 접하게 된다.

4. 시간과 맡김 ― 보이지 않는 성장

'의사가 공주에게 약을 주어 갑자기 자라게 한 이야기'

* 핵심 통찰: 시간은 드러내지 않아도, 가장 확실하게 일을 한다.

* 역할: 즉각적 성취의 환상 해체, 기다림, 맡김, 과정의 신뢰 제시

* '성장'이 '시간 속에서 완성됨'을 보여 주는 이야기

5. 존엄과 말 ― 사람을 대하는 기준

'작은 문(門)과 큰 말(馬)'

* 핵심 통찰: 사람의 가치는 외모가 아니라, 말을 통해 드러난다.

* 역할: 판단의 기준을 사람의 내부로 이동, 존엄과 품격을 지키게 하는 말의

힘을 보게 한다.

'원님과 이방 부인의 지혜 겨룸'

* 핵심 통찰: 힘은 답을 요구하지만, 지혜는 질문을 되돌린다.

* 역할: 권력과 지혜의 정면 대비, 질문의 폭력성을 깨뜨리는 언어 → 지혜는 이기려는 말이 아니라, 사람을 자유롭게 하는 말이다.

6. 겸손과 관계 — 지혜의 완성

'누가 예쁜 사람인가'

* 핵심 통찰: 겸손은 사람을 돋보이게 하고, 자만은 스스로 먹칠한다.

* 역할: 말 → 태도 → 관계로 귀결

* 파랑 단원이 제시하는 지혜는 한 번의 말이 아니라, 반복되는 태도다.

■ 파랑 단원은 '틀리지 않는 방법'을 배우는 단원이 아니다.
  '사람을 다치게 하지 않는 판단'을 기르는 단원이다.

이 단원의 완성은 정답을 맞히는 데 있지 않고, 서둘러 말하지 않는 태도, 확인하려는 습관, 겸손하게 관계를 맺는 자세에 있다.

남색: 책임을 생각하다

위에 있는 자의 책임

윗사람들의 태도는 아랫사람들의 표준이 된다.

■ 단원 서문

지도자의 선택은 조직원들의 삶의 기준이 된다.

왕의 말 한마디, 취향 하나가 나라를 바꾸기도 한다.

하기 싫은 일도 나름의 논리적 핑계를 가지고 나타난다.

■ 단원 결론

그릇이 바뀌면 물의 모양도 바뀐다.

지도자의 태도는 명령보다 강하다.

이 단계에서 우리는 영향력이 커질수록 책임도 커진다는 것을 안다.

가시 끝에 원숭이 조각하기

연나라에 정교한 세공 기술을 좋아하는 왕이 있었다. 어느 날 위나라 사람 하나가 찾아와서, "전하, 신은 대추나무 가시 끝에 원숭이를 새길 수 있습니다. 그러나 지금은 보여 주지 못합니다. 반년 동안 기다리셔야 하고, 날씨와 빛이 맞아야만 보실 수 있습니다" 하였다.

연왕은 그 말을 듣고 잠시 망설였지만, '정교한 것'을 보고 싶다는 마음에 그를 대접하여 먹이면서 보살펴 주도록 하였다. 그러나 반년이 지나도 원숭이 조각을 볼 수 없었다.

그 무렵, 궁궐에서 일하던 정나라 대장장이가 이 이야기를 듣고 웃음을 참지 못했다. 그가 왕에게 조심스레 말했다.

"전하, 신은 조각칼을 만드는 사람입니다. 조각은 반드시 칼끝보다 큰 물체에 해야 합니다. 대추나무 가시는 칼끝보다 작은데, 그 위에 어떻게 원숭이를 조각하겠습니까? 그자의 조각칼을 먼저 보시는 것이 옳을 듯합니다."

왕은 "그럴듯하구나" 하며, 그 사람을 불러 물었다.

"네가 조각할 때 어떤 조각칼을 쓰느냐?"

식객은 침을 삼키며 대답했다. "아주 정교한 칼을 씁니다."

"그 칼을 가져오너라. 짐이 직접 보고 싶다."

식객의 얼굴이 굳었다. "집에 두고 왔습니다. 다녀오겠습니다."

그는 궁문을 나서자마자, 도망을 쳤다. 다시는 돌아오지 않았다.

왕은 한숨을 쉬었다. 대장장이가 조용히 말했다. "보이지 않는 기술은 검증할 수 없고, 검증할 수 없는 말은 대부분 거짓입니다."

왕은 발밑의 대추나무 가시를 내려다보았다. 아무것도 새겨져 있지 않았다. 그제야 왕은 깨달았다. 정교함은 눈앞에서 증명되지만, 속임수는 언제나 조건을 달고 온다는 것을.

『한비자』외저설

길라잡이

1. 연나라 왕은 의심하면서도 왜 기다렸을까?

2. 이 이야기에서 가장 큰 문제는 무엇이라고 생각하나?

3. 조건이 많아질수록 우리는 왜 오히려 더 믿게 될까?

4. '지금은 못 보여 준다'라는 말은 언제까지 기다려야 할까?

5. 광고, 투자, SNS에서 비슷한 말을 들어 본 적이 있나?

   그 말은 어떤 '조건'을 달고 있었나?

(디딤돌)

1. 조건이 많은 말 찾기

"지금은 아니지만, 나중엔 꼭 할 수 있어."

"상황만 맞으면 내가 제일 잘해."

"증명은 어려운데, 그냥 믿어 줘."

이 말들의 공통점은 무엇인가? (　　　　　)

2. 지금, 여기서 가능한 증명

내가 자주 하는 말 가운데 조건을 건 말 하나를 골라 지금 당장 보여 줄 수 있는 행동으로 바꿔 보자.

예) ~ 하다면, 나는 ~ 를 잘할 수 있어.

내가 마음먹으면 ~ 할 거야.

→ 나는 오늘 (　　　　　)을 하겠다.

3. 욕망 점검 질문 (○, ×)

나는 듣기 좋은 말이라면 사실 확인을 미룬 적이 있다. (　　)

조건이 많아질수록 오히려 더 믿게 된다. (　　)

내가 보고 싶은 것만 보려 한 적이 있다. (　　)

※ '가시 끝에 원숭이 조각하기'의 역할은 '생각하지 않는 믿음'에 대한 마지막 경고이자 판단의 기준을 세워 주는 이야기다. 거짓말을 꾸짖는 이야기처럼 보이지만, 실제로는 왜 사람이 의심을 멈추는가를 묻는다.

* 보여 줄 수 없는 말은 설명을 늘리고, 설명만 늘어나는 말은 대부분 거짓이다.

* 나는 그 말을 믿은 걸까, 아니면 그 말이 이루어지길 바랐던 내 마음을 믿은 걸까? 내가 그 말을 믿은 이유는, 사실이어서가 아니라 그렇게 되길 바랐기 때문은 아니었을까?

* 문제는 말이 아니라, 그 말을 믿고 싶어 하는 마음이다. 욕망이 앞서면 판단은 멈추고, 판단이 멈추면 검증은 사라지고 거짓은 조건 속에 숨는다.

하지 않는 것과 할 수 없는 것
불위(不爲)와 불능(不能)

어느 날 맹자가 왕 앞에 나아가 물었다.

"전하, 어떤 이가 '내 힘으로는 삼천 근을 들 수 있으나 새의 깃털 하나는 들 수 없습니다. 내 눈은 머리카락 끝은 보면서도 수레 가득 실은 섶은 보지 못합니다.' 이렇게 말한다면 옳다고 하시겠습니까?" 왕이 고개를 저었다. "옳다고 할 수 없지."

맹자가 다시 말했다. "지금 전하의 은혜는 짐승에게까지 미치는데, 어찌하여 백성에게는 이르지 못합니까? 그 까닭은 힘이 없어서가 아닙니다."

왕이 물었다. "그렇다면 무엇이란 말이오?"

그가 대답했다. "새 깃털을 들지 못하는 것은 힘이 없어서가 아니라 힘을 쓰지 않아서이고, 수레의 섶을 보지 못하는 것은 눈이 어두워서가 아니라 보지 않아서입니다. 백성이 편안하지 못한 것도 은혜가 없어서가 아니라 베풀지 않아서입니다."

왕이 잠시 생각하다가 물었다.

"하지 않는 것과 할 수 없는 것은 어떻게 다르단 말인가?"

맹자가 답했다. "'태산을 끼고 북해를 뛰어넘어라'는 명령에, 저는 '할 수 없다'라고 대답한다면 그것은 참으로 할 수 없는 일입니다. 그러나 어른을 위해 앞마당에서 나뭇가지 하나 꺾으라 하는데 '할 수 없다'라고 말한다면, 그것은 못하는 것이 아니라 하지 않으려는 것입니다."

핵심 키워드: 책임, 변명, 실천, 권한과 의무

길라잡이

1. 맹자는 '하지 않음'과 '할 수 없음'을 어떻게 구분했나?

2. 우리가 자주 말하는 '시간이 없어서', '여건이 안 돼서'는 불위일까, 불능일까? 책임 있는 자리에 있을수록 이 구분이 왜 더 중요해질까?

3. 나의 일상에서 윗사람에게 '못 했다'라고 말했지만, 사실은 '안 했다'에 가까웠던 경험은 무엇이 있나?

디딤돌

1. 불위 vs 불능 구분하기

상황	불위	불능	이유
숙제를 못 했다.			
친구를 돕지 못했다.			
규칙을 몰라서 못 지켰다.			

2. 한 줄 통찰 쓰기

할 수 없다는 말은 때로, 하기 싫다는 말보다 쉬운 변명이다. 이 문장에 대해 동의하는지, 또는 다른 생각이 있는지 써 보자.

※ 이 우화는 '알고도 하지 않는 순간, 책임이 시작된다'라는 사실을 독자에게 정면으로 마주하게 하는 역할을 한다. 단순히 옳고 그름을 아는 것이 아니라, 알고도 하지 않았을 때 생기는 책임을 묻는다. 못 했다는 말과 안 했다는 말 사이의 차이를 분명히 가르며, 핑계 뒤에 숨은 태도를 드러낸다.

통찰 긴 여운

* 하지 않은 일에는 언제나 이유가 있고, 그 이유는 대부분 핑계이다.
* 못하는 것보다, 하지 않는 경우가 더 많다. 나는 정말 할 수 없어서 못 했을까, 아니면 하기 싫어서 못 한다고 말한 건 아닐까?
* 책임은 능력에서 오지 않고, 선택에서 시작된다.

게으른 아들에게 남긴 진짜 유산

어느 마을에 농사를 지으며 살던 농부가 있었어요. 그에게 아들이 하나 있었는데, 어찌나 게으른지 하루 종일 누워 있기 일쑤였지요. 농부는 '내가 없으면 저 아이는 어떻게 살아갈까' 늘 걱정이었어요. 어느 날, 농부는 아들을 불러 조용히 말했어요.

"애야, 내가 너에게 줄 유산을 밭에 묻어 두었다."

아들은 눈을 반짝이며 물었지요. "정말이에요? 어디에 묻어 두셨어요?"

"밭을 잘 찾아보면 알게 될 게다."

얼마 뒤 농부는 세상을 떠났어요. 아들은 아버지의 말을 떠올리며 밭으로 나갔지요. "보물이 있다면 꼭 찾아야지."

아들은 하루 종일, 며칠이고 밭을 파헤쳤어요. 하지만 아무리 파도 금이나 돈은 나오지 않았어요.

"이상하네, 분명 밭에 묻어 두었다 하셨는데."

결국 보물은 찾지 못했지만, 밭은 어느새 깊게 갈아져 있었어요. 밭을 파헤친 곳에 씨앗을 뿌렸더니, 그 해에 그 밭에서는 곡식이 유난히 잘 자랐지요. 가을이 되자 아들은 풍성한 수확을 바라보며 혼잣말했어요. "아, 이게 아버지가 말씀하신 유산이었구나."

그날 이후 아들은 더 이상 게으르지 않았어요. 땀 흘려 일하는 법을 배우고, 자신의 힘으로 살아가며 행복하게 살았답니다.

핵심 키워드: 성장과 성실, 삶의 기초

길라잡이

1. 아들이 처음에 생각한 '유산'과 나중에 깨달은 '유산'은 어떻게 다른가?

2. 아버지가 직접 '열심히 일해라'라고 말하지 않고 '유산을 밭에 묻어 두었다' 라고 말한 이유는 무엇일까?

3. 밭을 판 행동은 결국 아들에게 어떤 변화를 주었나?

4. 힘들었지만 시간이 지나 도움이 되었던 경험은 무엇이 있나?

5. 오늘날의 '보이지 않는 유산'에는 어떤 것들이 있을까?

   (습관, 태도, 공부하는 법, 책임감 등)

디딤돌

1. 겉보기에 없는 것 ↔ 실제로 남은 것

   쉬운 해결책 ↔ 스스로 해낸 경험

   아버지의 설명 ↔ 몸으로 얻은 깨달음

   가치가 어디에 더 있었는지 생각해 보자.

2. 내가 부모라면? 게으른 자녀에게 지금 당장 주고 싶은 것은 무엇이고, 나 중을 위해 남기고 싶은 것은 무엇인가?

   그 이유는 무엇인가? (진짜 유산은?)

3. 지금 받지 못한 것이, 오히려 나중에 나에게 큰 도움이 된 적은 없었나?

※ 이 이야기에서 아버지는 돈을 남기지 않고, 방법을 남겼다. 아들은 보물을 찾으려 밭을 팠지만 정작 얻은 것은 금도 은도 아닌 땀 흘려 일하는 경험이었다. 아버지는 알고 있었다. 게으름은 말로 고쳐지지 않지만, 몸으로 깨달으면 삶이 바뀐다는 것을. 진짜 유산은 땅속에 묻힌 것이 아니라 사람 안에 자라나게 만든 힘이었다.

이 우화는 즉각적인 보상보다 땀과 노력, 기다림 속에서 만들어지는 결실을 다룬다. '노력은 느리지만, 삶을 떠받치는 뿌리가 된다'라는 사실을 가장 조용하고 확실하게 보여 준다.

통찰 긴 여운

* 지금 당장 쓸 수 있는 것에 마음을 둘 것인가, 아니면 평생 지닐 품성을 기를 것인가?
* 부모가 남길 수 있는 가장 큰 유산은 물고기를 주는 것이 아니라, 스스로 물고기를 잡는 방법을 익히게 하는 것이다.
* 성실은 가장 늦어 보이지만, 가장 오래 남는다.
* 진짜 유산은 쓸 것을 주는 것이 아니라, 가꾸어 자라게 하는 것을 찾게 하는 것이다.

쌀가마니 안에 있는 쌀알 세기

다 세지 않아도 알 수 있어요

"항복아, 너는 매일 놀기만 하는구나. 오늘 친구 집에 다녀오는 동안 곳간에 있는 쌀가마니의 쌀알을 전부 세어 놓아라."

이항복은 "네, 아버지" 하고 대답하였으나 아버지가 떠난 뒤에도 한참 친구들과 놀았다. 그러다 문득 자리에서 일어나 머슴에게 말했다. "쌀 한 가마니만 내려 주세요." 항복은 쌀 한 됫박을 퍼 작은 종지기로 몇 번이나 담을 수 있는지 세어 보았다. 그리고 종지기 하나에 들어 있는 쌀알을 하나하나 헤아렸다.

> 이항복: (혼잣말로) 이 숫자에 이 숫자를 곱하면, 됫박 하나의
> 쌀알 수가 나오네.

그다음 그는 됫박 40이 한 가마니라는 것을 떠올렸다. 마지막으로 곳간에 쌓인 가마니 수를 곱했다.

잠시 후, 항복이는 계산한 숫자를 곳간 앞에 적어 두고 다시 놀러 나갔다. 저녁이 되어 돌아온 아버지는 놀고 있는 아들을 보고 크게 화를 냈다.

> 아버지: 쌀알 세기는 다 했느냐!
> 이항복: 네. 같이 가서 보시죠.

곳간 앞에 적힌 숫자를 본 아버지는 눈이 휘둥그레졌다.

아버지: 이걸, 어떻게 다 셌느냐?

이항복: 다 세지는 않았어요. 나누고, 묶고, 곱했을 뿐이에요.

아버지에게 그 방법을 설명드렸다. 아버지는 고개를 끄덕이며 웃었다.

한국구비문학대계

핵심 키워드: 규칙 찾기, 정의와 용기 있는 성찰,

보이는 노동보다 책임 있는 판단

길라잡이

1. 항복은 쌀알을 어떤 방법으로 계산했나?

2. 항복의 방법을 들은 아버지는 왜 놀랐을까?

3. 항복의 행동은 '게으름'이었을까, '지혜'였을까?

4. 항복이 무작정 쌀알을 하나씩 셌다면 어떤 문제가 생겼을까?

5. 이 이야기에서 '일을 열심히 함'과 '일 처리를 잘함'의 차이는 무엇인가?

6. 요즘 사회에서 '많이 하는 사람'과 '제대로 판단하는 사람' 중 누가 더 능력

   있는 사람일까?

1. 다 세지 않아도 알 수 있는 방법 찾기

일상생활에서 '항복의 방식'을 적용할 수 있는 일에는 무엇이 있을지 찾아 나름의 좋은 방법을 적어 보자.

2. 책임 있는 판단 고르기

다음 중 더 현명한 선택은 무엇일까? 그렇게 고른 이유는?

☐ 끝까지 다 하지만, 왜 하는지는 모른다.

☐ 덜 하지만, 전체를 이해하고 설명할 수 있다.

3. 한 줄 통찰 쓰기

정의로운 판단은 (　　　　　)에서 시작된다.

※ 아버지는 항복에게 쌀가마니 속 쌀알을 전부 세어 보라고 말한다. 항복은 그 말을 그대로 따르지 않았다. 항복은 일을 피하지 않았고, 무작정 하지도 않았다. 그는 전체를 자신의 방식으로 생각했다. 그는 쌀을 나누고, 기준을 묶고, 숫자를 곱한다. 결과적으로 항복은 쌀알 하나하나를 세지 않고도 전체를 계산해 낸다.

이 이야기가 말하는 것은 분명하다. 능력이란 많이 하는 것이 아니라 제대로 아는 것이다. 이 이야기는 게으름과 영리함의 대비처럼 보이지만, 핵심은 요령이 아니라 사고의 태도에 있다. 많이 아는 것이 중요한 것이 아니라 제대로 생각하고, 책임 있게 판단하기를 요구한다.

'열심히 했는가?'보다 중요한 질문은 '책임질 수 있게 생각했는가?'이다. '다

했는가?'라는 질문 앞에서 '어떻게 했는가?'로 답하는 용기를 보여 준다. 남색의 통찰은 여기에서 시작된다. 성실함은 중요하지만, 생각 없는 성실은 효과적이지 못하다. '책임 있는 사고란 무엇인가'를 가장 명쾌하게 보여 주는 남색 단원의 중심축 역할을 한다.

통찰 긴 여운

* 능력은 몸을 수고롭게 하기보다, 생각의 깊이에서 나온다.

* 나는 정말 성실했을까, 아니면 생각 없이 바쁘기만 했을까?

* 정의로운 판단은 무작정 하지 않는 용기에서 시작된다.

* 다 하지 않아도 괜찮다. 다만, 책임질 만큼은 생각해야 한다.

추위를 이용해서 모래성을 쌓다

조조의 군대는 모래흙으로 성을 쌓을 수 없었다. 성을 쌓으면 마초의 군대가 무너뜨리고, 막으면 다시 허물어뜨렸다. 게다가 날씨는 점점 더 추워졌다. 의지할 곳 없는 군사들은 추위에 떨고 조조의 마음도 초조해졌다. '싸우기도 전에 우리가 먼저 지겠구나.'

그때 한 노인(누자백)이 말했다. "지금은 성을 쌓기 가장 좋은 때입니다. 추위가 오면 땅이 얼고, 물은 돌처럼 굳어서 흙 위에 물을 붓고 밤새 얼리면 성은 저절로 완성됩니다."

조조는 추위가 아니라 추위를 바라보는 시선이 문제라는 걸 깨달았다.

그날 밤, 군사들은 모래를 이용해서 성을 쌓고 그 위에 물을 뿌렸다. 밤 사이 모래성은 물이 얼어 단단한 성으로 변했다.

조조는 추위와 싸운 것이 아니라, 추위를 이용했다.

『삼국지』

길라잡이

1. 조조 군대가 성을 쌓기 어려웠던 까닭은 무엇인가?

2. 이 이야기에서 무서운 '적'은 마초일까, 추위일까?

3. 불리한 조건은 언제 기회가 될 수 있을까?

4. 조조가 누자백의 말을 듣지 않았다면 어떤 결과가 나왔을까?

5. 문제를 없애려는 태도와, 문제를 이용하는 태도의 차이는 무엇인가?

6. 나의 단점이나 어려움을 다른 방식으로 바꿔 쓴 경험이 있나?

디딤돌

1. 역으로 생각하기

아래 제시된 불리한 상황들이 유리하게 활용할 수 있는 경우로 바꿔 생각해 보자. (비 오는 날, 시험 전 긴장, 실수했을 때 등)

2. 조건 읽기

누자백은 무엇을 보고 계책을 떠올렸을까?

이 조건들이 어떻게 하나의 전략이 되었나?

3. 내가 생각하는 지혜는?

(예: 피할 수 없는 조건을 내 편으로 만드는 힘이다.)

지혜란 (   )이다.

※ 조조의 군대는 추위 때문에 무너질 위기에 처해 있었다. 사람들은 추위를 피해야 할 적으로 여겼다. 지혜로운 선택은 달랐다. 다른 이의 의견을 수용한 조조는 추위를 재료로 삼아 성을 완성한다.

이 이야기는 힘이나 기술이 아니라 환경, 시간, 조건을 읽는 전략적 지혜가 위기를 바꾼다는 사실을 보여 준다. 문제를 제거하지 않고, 문제를 활용해서 해결한다. 남색은 순간적인 재치의 색이 아니다. 상황을 끝까지 읽고, 조건을 판단해 행동으로 옮기는 깊은 사고의 색이다. 불리함을 견디는 데서 멈추지 않고, 불리함을 자원으로 바꾼다. 남색 단원의 '전략 부분'을 대표하는 이야기로, 리더십과 문제 해결, 장기적 사고를 연결하는 핵심 축이 된다.

통찰 긴 여운

* 추위를 탓한 사람은 추위에 떨었고, 추위를 이용한 사람은 성을 쌓았다.
* 지혜로운 사람은 문제를 없애지 않고, 문제를 재료로 쓴다.

누가 가장 뛰어난 의원인가?

위나라 왕은 편작에게 물었다. "그대 형제 중 누가 제일 뛰어난 의원인가?"

모두가 예상한 답은 편작 자신이었다. 그러나 편작은 담담히 답했다. "큰형님이 가장 뛰어나고, 둘째 형님이 다음이며, 저는 가장 부족합니다."

왕은 이해할 수 없었다. "그대가 가장 유명하지 않은가?"

편작은 웃으며 말했다. "큰형님은 병이 생기기 전부터 알아차립니다. 그래서 아무 일도 일어나지 않지요. 사람들은 그분이 의원인 줄도 모릅니다. 둘째 형님은 병이 막 시작될 때 고칩니다. 그래서 가벼운 병만 고친다고 여겨집니다. 저는 병이 깊어진 뒤에야 나섭니다. 사람들은 살았다고 감격하며 저를 명의라 부르지요."

편작은 조용히 덧붙였다. "그래서 제가 가장 부족합니다."

『갈관자』의 세현 편

길라잡이

1. 큰형의 치료는 왜 사람들에게 잘 알려지지 않았을까?

2. 왜 사람들은 '크게 드러나는 성과'만 높이 평가할까?

3. 예방과 치료 중 무엇이 더 어렵고 중요한 일일까?

4. 편작의 큰형이 오늘날 병원에 있다면, 사람들은 그를 어떻게 평가할까?

5. 학교나 가정에서 눈에 띄지 않지만, 꼭 필요한 역할에는 무엇이 있을까?

디딤돌

1. 상황 바꾸기

편작 삼 형제를 가정, 학교, 사회에서의 역할로 바꿔 보자. 누가 가장 눈에 띄고, 누가 가장 중요한가?

	가정	학교(모임)	사회
큰형			
둘째 형			
편작			

2. 순서 다시 생각하기

다음 세 가지를 순서대로 적고 이유를 적어 보자.

가장 칭찬받는 사람

가장 중요한 사람

가장 뛰어난 사람

이 셋의 평가는 항상 같을까?

3. 나의 통찰 기록

문제가 생기기 전에 내가 할 수 있는 일은?

※ 이 이야기는 말한다. 진짜 실력은 위기 속에서 빛나기보다, 위기를 만들지 않는다. 가장 뛰어난 의원은 가장 조용하고, 칭찬받지 않으며, 아무 일도 일어나지 않게 만든 사람이다.

눈에 띄는 것이 전체를 대표하는 것이 아니다. 정말 중요한 것은 깊고 드러나지 않는, 겉으로 드러난 결과보다 그 이전의 원인을 찾아보아야 한다는 것을 일깨워 주는 이야기이다. 남색의 지혜는 드러난 결과보다 보이지 않는 예방을 먼저 본다. 병이 생기기 전, 아무 일도 없게 만드는 사람. 그가 가장 훌륭한 의원이다.

독자의 시야가 보는 눈 → 생각의 전환 → 공감 → 경험 → 통찰로 점점 깊어지는 지점이 바로 이 이야기다. 문제를 해결하는 힘을 넘어, 문제가 생기지 않게 하는 지혜 바로 이것이 남색 단원에서 다루는 통찰이다.

(통찰 긴 여운)

* 가장 훌륭한 해결은 문제를 만들지 않는 것이다.

* 아무 일도 일어나지 않는다면, 이미 누군가 잘하고 있었을지도 모른다.

* 나는 언제 움직이는 사람인가? 문제가 커진 뒤인가? 아니면 아직 문제가 생기기 전 기미를 읽어서 알 때인가?

촉추를 살린 안영의 말

제나라 경공은 사냥을 즐겼다. 어느 날 축추가 경공이 잡아 놓은 짐승을 놓치는 일이 발생했다. 경공은 크게 노하여 사냥감을 잃어버린 경공의 목을 베라고 명령했다.

그 소식을 듣고 급히 달려온 안자가 뜻밖에도 "축추는 세 가지 큰 죄를 지었으니 죽어 마땅합니다" 하였다. 이에 경공이 의아해하며 "그 이유를 말해 보라" 하니 안자가 차분히 말을 이었다.

"첫째, 맡은 일을 제대로 하지 못해 전하가 잡은 짐승을 놓치는 죄를 저질렀습니다. 둘째, 군주께서 짐승 때문에 사람을 죽이게 만들었습니다. 셋째, 제후들이 이 소식을 들으면 우리 임금은 사람보다 짐승을 귀히 여긴다고 하찮게 생각하게 될 것입니다."

말을 듣던 경공의 얼굴이 굳어졌다. 축추를 꾸짖는 말 같았지만, 사실은 자기 자신을 향한 말이었기 때문이다.

경공은 "잘 알아들었다" 하고 축추를 살려 주었다.

안자의 말은 사람 하나를 살렸고, 군주의 그릇된 판단을 바로잡았다.

『안자춘추』

길라잡이

1. 안자는 왜 촉추를 변호하지 않고 오히려 죄를 열거했을까?

2. 경공은 안자의 말에서 무엇을 깨달았을까?

3. 안자가 감정적으로 항의했다면 결과는 어떻게 달라졌을까?

4. 솔직한 표현과 지혜로운 표현의 차이는 무엇일까?

5. 학교나 사회에서 잘못을 지적해야 할 때가 있다. 그럴 때 나는 보통 어떤
   방식으로 말하는가?

디딤돌

1. 말의 방식 바꾸기

다음 상황에서 상처 주는 말, 안자처럼 말하기를 각각 써 보자.

친구가 약속을 어겼을 때

동생이 나를 귀찮게 할 때

어른의 판단이 잘못되었다고 느낄 때

2. 말의 성격 고르기

오늘 만나는 사람 5명의 말이 어디에 해당하는지 생각해 보자.

(공격적, 감정적, 차분함, 이성적, 상대를 배려함……)

왜 그렇게 생각했나?

3. 나의 남색 문장

내가 진실을 말해야 할 때, 앞으로는 (　　　　　) 하겠다.

※ 책 전체 구조에서 전하는 역할

조조, 누자백 → 환경을 읽는 전략

편작 삼 형제 → 문제 이전을 보는 통찰

안자 이야기 → 진실을 전달하는 판단과 언어의 지혜

※ 안자의 말은 상대를 찌르는 칼이 아니라 상대를 비추는 거울이었다. 정면으로 맞서면 죽음이 따르던 권력 앞에서, 그는 진실을 숨기지 않으면서도 사람을 살리는 방식을 택했다. 지혜는 옳은 말을 하는 것이 아니라, 옳은 말이 살아남게 하는 것이다.

안자 이야기는 흥분이나 분노로 단순하게 던진 말이 아니라, 깊이 생각한 뒤 선택하여 군주를 바로잡고 신하를 구한 이야기이다. 남색의 지혜는 말로 이기는 것이 아니라 말로 살리는 것이다.

이 우화는 묻는다. 진실을 말하는 용기와 진실이 받아들여지게 하는 지혜는 같은 것인가? 진실을 말할 때, 나는 어떻게 말하고 있는가? 남색 단원에서 '말과 권력'을 다루는 핵심 우화이며, 보라 단원인 '통합 지혜'로 넘어가기 전, '지혜의 윤리성'을 준비시키는 역할을 한다.

* 진실을 말하는 것으로 끝나지 않는다. 진실이 상대방의 마음에 살아남게
  하는 것이 진짜 지혜다.

* 지혜로운 말은 상대를 공격하지 않고 스스로 돌아보게 만든다.

  진실을 칼처럼 휘두를 수도 있고, 거울처럼 자신을 돌아보게 할 수도 있다.

재판하는 아이

힘 대신 기준을 세우다

옛날 어느 마을에 똑똑한 아이가 살고 있었다.

하루는 두 사람이 한 마리의 소를 두고 서로 자기 것이라고 큰 소리로 다투며 아이 앞에 찾아왔다. 한 사람은 자기가 어릴 때부터 키워 온 소라하고, 다른 한 사람은 자기가 잃어버렸다가 이제 겨우 찾은 소라는 것이다.

두 사람이 서로 자기 말만 옳다고 얼굴을 붉히며 싸우자, 마을 어른들이 똑똑한 이 아이의 의견을 들어 보자고 이 아이 앞에 두 사람을 데리고 온 것이다.

아이는 잠시 소를 바라보더니 조용히 말했다.

"알겠습니다. 두 분 다 밤에 소와 함께 하룻밤 집에서 지내세요."

사람들은 의아했지만, 그의 말을 따랐다.

소와 밤에 함께 지낸 다음 날 아침, 아이가 다시 물었다. "밤에 소가 어떻게 했나요?"

첫 번째 사람은 소가 밤새 울며 뒤척였다고 했고, 두 번째 사람은 고개를 갸웃하며 소는 편안히 잤다고 말했다.

아이는 그제야 또박또박 말했다. "이 소의 주인은 밤새 잘 잔 쪽입니다."

사람들이 이유를 묻자, 아이가 설명했다. "소는 주인을 보면 마음이 놓입니다. 하지만 낯선 사람과 함께 있으면 불안해 울게 마련입니다."

아이의 말에 마을 사람들은 고개를 끄덕였다. 그날, 소는 진짜 주인에게 돌아갔고 싸움은 더 커지지 않았다.

한국민속대백과사전

핵심 키워드: 판단, 공정, 감정이 아니라 구조를 보는 눈

길라잡이

1. 아이는 왜 바로 판단하지 않고 소와 밤을 지내는 것을 기다렸을까?

2. 공정함이란 '똑같이 대하는 것'일까, '다르게 판단하는 것'일까?

3. 어른이 아닌 아이가 판단했다는 점은 왜 중요할까?

4. 다툼이 생겼을 때, 편을 드는 것과 기준을 세우는 것 중 무엇이 더 어려운가?

디딤돌

1. 기준 찾기: 기준이 생기면 감정은 줄어든다.

다음 상황에서 판단 기준을 정해 보자.

상황	느끼는 감정	판단 기준
친구와 다툼		
팀 내 역할		

2. 말 vs 행동

말로 하는 주장에 대한 대처:

행동으로 표현하는 사실에 대한 대처:

나는 주로 (무엇을) (왜) 믿는다.

3. 나의 남색 통찰

나는 갈등 앞에서 일반적으로 (편을 든다/기준을 세운다).

왜냐하면 (   )

※ 이 이야기는 억울함과 분노가 아니라 판단의 기준으로 문제를 해결하고 어른, 권위, 힘보다 이치와 공정을 앞세우며 '누가 더 강한가'가 아니라 '무엇이 옳은가?'를 묻는다.

남색의 지혜란 누구 편도 들지 않고, 이치의 편에 서는 것이다.

통찰 긴 여운

* 공정은 마음이 아니라, 기준에서 나온다.

* 지혜로운 판단은 목소리가 아니라 전체를 본다.

* 큰소리는 증거가 아니다. 진실은 말이 아니라 반응에 숨어 있다.

* 공정함은 중간에 서는 것이 아니라 기준을 세우는 일이다.

글은 외웠으나 뜻은 잃은 서당 훈장

김삿갓이 떠돌던 어느 고을에 글 잘 읽는다고 소문난 서당 훈장이 있었다. 훈장은 매일같이 아이들에게 소리를 높였다.

"글은 뜻보다 암기다! 한 글자라도 틀리면 매를 맞을 줄 알아라!"

어느 날, 김삿갓이 서당 문 앞에 섰다.

"훈장님, 하룻밤 묵어도 되겠습니까?"

훈장은 나그네를 위아래로 훑어보더니 말했다.

"글을 아는 사람이면 허락하겠네. 모르면 돌아가게."

김삿갓은 웃으며 고개를 끄덕였다.

"그럼 한 수 배워도 되겠습니까?"

훈장은 자신만만하게 아이들에게 외우게 하던 글귀를 읊었다.

"자, 이 문장과 저 문장을 암기해서 말해 보게."

김삿갓은 잠시 생각하더니 이렇게 말했다.

"글자는 있으나, 뜻은 그 자리에 없습니다."

훈장은 얼굴을 붉히며 소리쳤다.

"무슨 허튼소리냐! 이 글은 내가 평생 가르친 글이다!"

그러자 김삿갓은 조용히 말했다.

"외우신 것은 글자요, 가르치신 것은 소리입니다. 아이들이 배워야 할 것은 뜻과 쓰임이옵니다."

서당 안은 조용해졌다. 아이들도, 훈장도 아무 말이 없었다.

훈장은 잠시 고개를 떨군 뒤 나지막이 말했다.

"오늘은, 글을 덜 가르쳤구나."

김삿갓은 더 말하지 않고 삿갓을 눌러쓰고 서당을 떠났다.

한국구비문학대계

길라잡이

1. 김삿갓은 왜 훈장을 직접 꾸짖지 않았을까?

2. 훈장은 어느 순간 자신의 문제를 깨달았을까?

3. 조롱과 지혜로운 비판의 차이는 무엇일까?

4. 비판이 효과를 가지려면 무엇이 필요할까?

5. 학교나 직장에서 '맞지만 듣기 싫은 말'을 어떻게 전하면 좋을까?

디딤돌

1. 외움과 이해 구분하기

외움은 (　　　　)을 말하고,

이해는 (　　　　)을 말한다.

2. 훈장과 아이 역할 바꾸기(사고 전환)

서당 아이가 묻는다. '훈장님, 이 문장은 왜 이렇게 말한 건가요?'

외워서 하는 대답: '책에 그렇게 쓰여 있다.'

이해하고 하는 대답; '이 말은 이런 상황에서 이런 뜻이란다.'

이 문장의 뜻은 (　　　)해서, (　　　)라는 뜻이야.

3. '뜻 없는 말' 찾아보기

뜻을 잃은 말은 (　　　)이 된다.

4. 한 문장 깨우기

다음 문장을 '이해한 말'로 바꿔 써 보자.

항상 예의 바르게 행동해라. → 예의란, 상대를 (　　　)하려는 태도다.

무조건 공부 열심히 해라. → 공부는 (　　　)을 알기 위한 과정이다.

※ 이 일화의 김삿갓은 웃음을 주는 광대가 아니라, 말의 무게를 아는 사상가
다. 그는 상대를 망신 주지 않고, 정면으로 욕하지도 않으며, 말의 방향을
살짝 틀어 상대가 스스로 깨닫게 한다.

남색의 언어는 비웃지 않고, 상대 안에서 판단이 생기게 한다.

남색은 묻는다. 나는 지금 글자를 반복하고 있는가, 뜻을 이해하려 하고
있는가?"

* 말로 이기려 하면 다툼이 남고, 말을 비켜서면 판단이 남는다.

* 지혜로운 비판은 소리를 낮추고, 깨닫게 하는 말은 상대를 이기려 하지 않는다.

* 지혜로운 말은 상대를 무너뜨리려 하지 않는다. 판단은 공격이 아니라 침묵 이후에 일어난다.

* 가장 깊은 비판은 소리를 낮출수록 멀리 간다.

* 외워서 한 말은 남의 말이고, 이해해서 나온 말은 내 말이다.

경마를 이긴 손빈의 지혜

방연에게 무릎이 잘리고 이마에 치욕적인 글자가 새겨진 손빈은 제나라로 탈출하여 전기 장군의 집에 머물고 있었다. 전기가 제나라 왕족들과 어울려 경마로 내기를 하는 것을 보았다. 그런데 그의 말은 힘이 부족해서 항상 돈을 잃었다.

그러던 어느 날 손빈이 조용히 말했다. "내일 경주에서는 마음껏 큰돈을 거십시오. 제가 반드시 승리하게 해 드리지요."

전기는 얼른 납득이 가지 않았지만, 그를 철석같이 믿고 있었기에 순순히 그의 말에 따랐다. 경주가 시작되기 직전 손빈이 전기에게 말했다.

"제나라의 좋은 말은 대부분 궁궐에 있습니다. 장군의 말로는 상대하기 힘들지요. 말을 바꿀 수 없으니, 붙이는 상대를 바꾸십시오. 말의 등급에 따라 차례로 왕족들과 내기를 건다면 쉽게 이길 수 있을 것입니다. 장군의 하급 말로 그들의 상급 말을 상대하고, 장군의 상급 말로 그들의 중급 말을 상대하십시오. 또 중급 말로 하급 말에 상대하십시오. 그러면 한 판을 지더라도 두 판은 승리할 수 있을 것입니다."

경마가 끝났을 때, 과연 결과는 2승 1패. 손빈의 예상대로 전기는 이겼다. 늘 지던 전기가 이긴 것을 이상하게 여긴 위왕이 그에게 승리의 비결을 물었다. 전기는 사실을 털어놓았고, 위왕은 손빈의 지혜에 감탄했다.

사마천 『사기』 손자오기열전

길라잡이

1. '정면승부'와 '이기는 싸움'은 어떤 차이가 있나?

2. 우리 삶에서 싸움을 바꾼다는 것은 어떤 의미일까?

3. 공부, 운동, 인간관계에서 정면승부 말고 다른 선택지는 무엇이 있을까?

4. 나에게 불리한 조건을 배치로 바꿔 본 경험이 있나?

디딤돌

1. 배치 바꾸기 연습

문제를 없앨 수 없다면 배치를 바꿔 보자.

공부: 공부 과목 순서 바꿔 보기, 다른 방법 찾기, (   )

팀 활동의 어려움: 역할 재배치, (   )

발표: 혼자 말하기 → 질문받기 구조로 전환, (   )

무엇이 달라지나?

2. 재배치할 자원 찾기

나의 약점은 무엇인가? 그 약점을 순서, 위치, 역할을 바꾸면 어떻게 달라질 수 있나?

약점은 숨길 대상이 아니라 재배치할 자원이다.

※ '손방투지'는 손빈과 방연이 지혜를 다툰다는 뜻으로, 서로 대등한 재능을 가진 두 사람이 온갖 지모를 동원해서 서로 각축전을 벌이는 것을 말한다.

손빈은 힘을 키우는 길을 선택하지 않았다. 이미 잃은 것을 붙잡지도 않았다. 그는 판을 읽고, 배치를 바꾸고, 자신이 설 자리를 새로 만들었다. — 생각의 전략(판을 바꾸다)

이 이야기는 '어떻게 이길 것인가'가 아니라 '어디서 싸울 것인가'를 묻는다. 남색은 판을 읽고, 보라는 고통을 자원으로 바꾼다.

* 힘은 키울 수 없을 때도 있지만, 판을 읽는 눈은 언제나 키울 수 있다.
* 지혜란 더 강해지는 것이 아니라 판을 다르게 보는 능력이다.

이길 수 없을 땐, 싸움판을 바꿔라.

쌀 한 말로 석 달 살기

시어머니는 며느리 후보에게 쌀 한 말을 내밀며 말했다.

"이걸로 석 달을 살아 보거라. 돈을 달라고 하지도 말고, 누구 도움도 받지 말거라. 혼자 힘으로 견뎌 내야 한다."

며느리는 쌀을 한참 바라보다가 조용히 중얼거렸다.

"이걸 그냥 먹기만 하면 금방 사라지겠지, 석 달은 버티기 힘든데, 하지만 쌀은 밥만 되는 게 아니잖아."

며느리는 쌀을 이용해서 떡을 만들어 장터에 나가서 팔아 그 돈으로 바늘과 실을 샀다. 그리고 밤마다 손을 움직여 일을 했다. 손을 움직이자, 길도 함께 열렸다.

석 달 뒤, 시어머니에게 돈을 내놓으며 며느리는 말했다.

"쌀은 떡이 되었고, 떡은 실과 바늘이 되었고, 그것이 다시 돈이 되었습니다."

시어머니는 그제야 고개를 끄덕였다.

"이 집 살림은 걱정 없겠구나. 네가 가진 것은 쌀이 아니라 지혜였구나."

한국의 전통 전래동화(민담)

길라잡이

1. 시어머니는 왜 며느리에게 적은 쌀만 주었을까?

2. 며느리가 본 쌀과, 일반 사람이 보는 쌀의 차이는 무엇일까?

3. 며느리는 왜 떡을 팔아 번 돈을 쓰지 않고 바늘과 실을 샀을까?

4. 쓰는 사람과 투자하는 사람의 차이는 무엇일까?

5. 오늘날 내가 가진 쌀 한 말은 무엇일까?

   (시간, 스마트폰, 재능, SNS, 관계 등)

   나는 그것을 그냥 소비하는가? 아니면 가치로 바꾸고 있나?

디딤돌

1. 생각의 흐름 그리기

   쌀 한 말 → 며느리의 선택 지도

   쌀 → (떡) → (돈) → (바늘, 실) → (지속되는 살림)

   내가 가진 쌀 1 → (　　) → (　　) → (　　) → (　　)

   내가 가진 쌀 2 → (　　) → (　　) → (　　) → (　　)

2. 소비와 투자의 차이를 적어 보자.

3. 한 줄 통찰 쓰기

   이 이야기를 통해 내가 배운 지혜는?

※ 이 우화는 무엇을 가졌는가보다 그것을 어떻게 바라보고, 어떻게 흐르게 했는가를 묻는다. 눈앞의 양이 아니라 보이지 않는 흐름을 본다. 며느리는 쌀을 단순히 먹을 것으로만 보지 않고 가치가 변환되는 재료로 보았다. 그래서 가진 것을 그냥 써 버리지 않고, 가진 것을 이용해서 풍요의 길을 만들었다. 이는 남색 단원의 핵심인 조건을 넘어 구조를 읽는 판단, 눈앞의 소비를 넘어 흐름을 설계하는 지혜와 정확히 맞닿아 있다.

통찰 긴 여운

* 며느리가 가진 것은 쌀이 아니라, 쌀의 가치를 바라보는 눈이었다.
* 지혜란 적은 것으로 버티는 기술이 아니라, 적은 것을 활용하여 크게 하는 힘이고, 가진 것을 늘리는 것이 아니라, 가치가 늘어나게 만드는 것이다.
* 같은 쌀이라도, 누군가는 먹고 끝내고, 누군가는 그것을 디딤돌로 삼는다.

호랑이보다 무서운 말

옛날 어느 마을에 한 어머니와 아들이 살고 있었다. 어느 날 아들이 밖에서 놀다가 급히 집으로 뛰어 들어왔다.

"어머니! 큰일 났어요! 마을에 호랑이가 나타났대요!"

어머니는 웃으며 말했다.

"얘야, 헛소문이겠지. 호랑이가 그렇게 쉽게 내려오겠니."

며칠 뒤, 아들은 다시 숨을 헐떡이며 말했다.

"어머니! 사람들이 다들 말해요. 호랑이가 산 아래까지 내려왔대요!"

어머니는 잠시 멈칫했지만, 고개를 저었다.

"사람 말은 과장되기 마련이란다."

그런데 얼마 지나지 않아 아들은 세 번째로 다급하게 외쳤다.

"어머니! 이제 모두가 짐을 싸고 있어요. 호랑이가 곧 마을로 내려온대요!"

그제야 어머니의 얼굴이 굳어졌다. 그녀는 조용히 말했다.

"짐을 싸자."

아들은 놀라 물었다. "어머니, 호랑이를 직접 본 것도 아닌데요?"

어머니는 대답했다. "호랑이가 무서운 게 아니다. 이렇게 많은 사람이 믿고 떠도는 말이 더 무섭구나."

그날, 어머니와 아들은 마을을 떠났다. 호랑이는 끝내 나타나지 않았지만, 마을은 이미 텅 비어 있었다.

핵심 키워드: 믿음, 판단과 언어의 책임, 소문, 여론

길라잡이

1. 어머니는 처음에 왜 이사 가지 않으려 했을까?

2. 언제 마음을 바꾸었을까? 어머니를 움직인 것은 무엇이었을까?

3. 말이 사실보다 더 무서워지는 순간은 언제일까?

4. 모두가 믿는 말은 언제 위험해질까?

5. SNS에서 '다들 그러더라'라는 말은 얼마나 믿을 만할까?

디딤돌

1. 사실 vs 말

다음 중 무엇이 나를 더 움직이게 하나? 그 이유는?

(친구들 사이 소문, 뉴스 제목, 댓글 여론)

2. 문장 바꾸기 — 바꿔야 할 것 찾아보기

다들 그러던데? → 내가 직접 본 것은?

3. 나의 남색 통찰

나는 요즘 사실보다 (   )을 더 믿고 있었다.

※ 공포는 사실보다 말을 통해 먼저 퍼진다. 반복되어 듣게 되는 말은 증거가 없어도 판단을 바꾼다. 사람은 호랑이보다 소문을 더 무서워한다.

이 이야기는 실제 위협(호랑이)보다 말, 소문, 반복된 이야기가 사람의 판단과 행동을 더 크게 바꾼다는 점을 보여 준다. '집단 심리로 넘어가기 직전의 경계 우화'이다. 내 판단의 근거는 사실인가, 소문인가? 지금 나를 움직이는 것은 사실에 근거한 것인가, 소문에 근거한 것인가?

[통찰 긴 여운]

* 호랑이보다 무서운 것은, 많은 사람이 믿는 여론이다.

* 말은 보이지 않지만, 사람을 구속하고 움직이게 한다.

* 보이지 않는 것이 보이는 것보다 사람을 더 움직일 수 있다.

* 말이 많을수록 확인은 더 필요하다.

남색 단원 마무리

핵심 통찰: 통찰, 판단, 구조 읽기, 말 너머의 뜻, 권위로부터의 거리 두기, 보이는 것 너머를 헤아리는 힘

나는 지금 사실을 보고 있는가, 아니면 겉모습, 말, 권위에 반응하고 있는가?

남색 단원은 감정(빨강 단원)과 성장(노랑 과정)을 지나 삶의 관계와 노동(초록 단원)을 경험한 뒤 '생각하는 눈'이 처음으로 성장하는 색이다.

■ 남색 단원 우화 흐름

1. 겉모습에 속지 않는 눈 ― 보이지 않는 심정을 읽는다

'재판하는 아이 ― 힘 대신 기준을 세우다'

* 핵심: 나이, 지위보다 중요한 것은 판단의 논리

* 역할: '누가 말하느냐'보다 '무엇이 옳으냐'로 기준 이동

2. 말과 글의 함정 ― 외우기만 하고 뜻을 알지 못한 사람들

'글은 외웠으나 뜻은 잃은 서당 훈장'

* 핵심: 형식 지식의 공허함을 일깨워 준다.

* 통찰: 글자는 생각을 대신하지 않는다.

3. 대상이 아니라 구조를 보다 — '무엇'보다 '어떻게'

'쌀 한 말로 석 달 살기'

* 핵심: 자원의 전환 구조를 읽는 통찰

* 통찰 포인트: 쌀 → 떡 → 교환 → 확장

* 역할: 삶을 구조로 바라보게 함

4. 말이 더 무서울 때 — 말에서 나온 힘은 칼보다 강하다

'호랑이보다 무서운 말'

* 핵심: 말은 현실을 바꾼다.

* 통찰: 권력은 언어로 행사된다.

5. 지혜는 권위를 넘어선다 — 권위의 틈을 읽는 눈

'촉추를 살린 안영의 말'

* 핵심: 지혜의 말로 권위를 설득하다.

* 통찰: 권위에 맞서는 것이 아니라, 이해시켜야 변화시킬 수 있다.

■ 남색 단원 우화의 전체 메시지

지혜란 많이 아는 것이 아니라, 보이는 것 너머의 구조를 읽는 힘이다.

남색 단원은 '생각하는 법을 배우는 마지막 장'이며, 보라 단원은 '그 생각이 무너지지 않는가를 묻는 장'이다.

보라: 나를 돌아보다

자기 확신을 의심하다

■ 단원 핵심 통찰

내가 아는 것이 전부가 아닐 수 있다는 깨달음이 지혜의 시작이다.

■ 단원 서문

우리는 종종 이렇게 말한다. '나는 알고 있어.'

하지만 정말 알고 있는 것은 우리가 경험한 일부일지도 모른다.

■ 단원 결론

절굿공이도, 장독도, 굵은 밧줄도 코끼리가 아니었듯 내가 아는 지식은 언제나 부분일 수 있다.

그래서 마지막 통찰은 이것이다. 겸손하게 묻고, 다시 생각하는 것. 그것이 지혜의 끝이자, 또 다른 시작이다.

보물을 하늘에 쌓아라

"너희는 가진 것을 팔아 자선을 베풀어라. 너희 자신을 위하여 해지지 않는 돈주머니와 축나지 않는 보물을 하늘에 마련하여라. 거기에는 도둑이 다가가지도 못하고 좀이 쏠지도 못한다. 사실 너희의 보물이 있는 곳에 너희의 마음도 있다."

루카 복음서 12,33-34

핵심 키워드: 가치, 신념, 궁극적 선택, 보물

길라잡이

1. 예수님은 왜 땅의 보물을 경계하셨을까?

2. 하늘에 쌓는 보물이란 무엇을 뜻할까?

3. 내가 오늘 쌓을 수 있는 '하늘의 보물'은 무엇일까?

4. 마음이 향하는 곳이 삶을 어떻게 바꿀까?

1. 보물의 자리 찾기

다음을 '땅의 보물'과 '하늘의 보물'로 나누어 보자.

돈, 사랑, 명예, 신뢰, 소유, 빵, 나눔, 성공, 다이아몬드, 희생, 경쟁, 양심.

땅의 보물(　　　　)

하늘의 보물(　　　　)

2. 마음의 나침반

내가 하루 중 가장 많이 생각하는 것은?

내가 소유한 것 중에서 없어지면 가장 불안할 것은?

이것들이 내 삶의 방향을 결정하고 있지는 않은가?

3. 한 문장 통찰 쓰기

내가 쌓고 싶은 보물은 (　　　　)이다.

그 보물은 (　　　　)에서 가치가 드러난다.

※ 보물의 본질: 재물이나 물질이 아니라, 자선과 선행을 통해 하늘에 쌓는 삶이 중요함을 강조한다.

도둑과 좀이 없는 곳: 물질은 도둑이나 좀이 침범할 수 있지만, 선행은 영원히 사라지지 않는다는 의미이다.

마음의 방향성: 실제로 소유한 곳에 마음이 머문다는 교훈으로, 신앙과 가치관의 우선순위를 돌아보게 한다. 이 말씀은 인생 전체의 '방향타' 역할을 한다. 나는 무엇을 위해 살고 있는가? '보물'의 기준을 소유에서 방향으로 전환.

※ 파랑은 무엇을 쌓을 것인가? 보라는 왜 그것을 쌓는가?

* 보물이 있는 곳에 마음이 간다. 삶의 방향은 내가 무엇을 보물로 삼느냐에

  달려 있다.

* 영원한 것은 소유가 아니라 가치다.

* 사람은 가진 것으로 살지 않고 중요하게 여기는 것으로 산다.

기우(杞憂)

하늘이 무너질까 불안한 사람

‘하늘이 무너지면 어쩌지?’ 옛날 중국 기나라에 하늘이 무너지고 땅이 꺼질까 봐 하루도 마음 편히 살지 못하는 사람이 있었다. 그는 밤마다 하늘을 올려다보며 중얼거렸다.

‘저 별들이 떨어지면 어떡하지?’ ‘땅이 꺼지면 나는 어디로 떨어질까?’ 밥을 먹어도 걱정, 잠을 자도 걱정이었다.

보다 못한 이웃 사람이 물었다. “왜 그렇게 늘 불안해 보이시오?”

기나라 사람은 떨리는 목소리로 말했다.

“하늘이 무너지면 모든 게 끝 아닙니까?”

이웃은 잠시 웃으며 말했다. “하늘은 기운으로 가득 차 있어서 무너지지 않고, 땅도 기운이 뭉쳐져 있어 꺼지지 않소. 걱정한다고 하늘이 무너진다면, 이미 수천 번은 무너졌겠지요.”

그 말에 기나라 사람은 그제야 한숨을 내쉬며 고개를 끄덕였다. “아, 내가 하늘보다 먼저 무너지고 있었군요.”

『열자』의 천서 편

길라잡이

1. 기나라 사람의 걱정은 왜 쓸데없는 걱정이었을까?

2. 모든 걱정은 나쁜 것일까, 아니면 필요한 걱정도 있을까?

3. 생각이 현실보다 앞서 달릴 때 어떤 문제가 생길까?

4. 불안을 키우는 생각의 공통된 특징은 무엇일까?

5. 걱정은 어디까지 필요하고, 어디서부터 우리를 해치는가?

6. SNS, 시험, 인간관계에서 '기우'는 어떤 모습으로 나타날까?

   우리는 왜 확인보다 상상을 먼저 할까?

디딤돌

1. 걱정 구분하기

지금 떠오르는 걱정을 적고 다음 어디에 해당하는지 적는다.

(사실, 가능성, 상상)

2. 대비로 바꾸기

이 걱정에 실제로 해결책은 무엇인가?

이제, 이 걱정은 내려놓아도 되겠지.

3. 오늘로 돌아오기

기우의 오늘 모습 SNS에서 한 학생이 SNS에 글을 올린 뒤 계속 휴대폰을 확인한다. '혹시 이상하게 보이지는 않았을까?', '악플이 달리면 어떡하지?', '친구들이 나를 싫어하게 되면?', 실제로는 아무 일도 일어나지 않았지만, 마음은 이미 여러 번 상처를 입었다. 하늘은 무너지지 않았지만, 생각이 먼저 무너진 것이다.

걱정 때문에 놓치고 있는 '오늘의 일' 중 한 가지를 적어 보고 그 해결책을 찾아 보자. 이제 걱정이 사라졌는가?

※ 기우는 잘못된 행동의 문제가 아니라 잘못된 생각이 문제의 출발점이다. 아직 일어나지 않은 일을 이미 일어난 것처럼 받아들이는 순간, 사람은 현재를 살 수 없게 된다.

이 기우 단원은 아이들에게는 걱정과 사실을 구분하는 힘을, 어른에게는 생각을 내려놓는 여유를 준다.

통찰 긴 여운

* 걱정은 아직 오지도 않은 불행을, 아니 있지도 않은 불행을 미리 가져다 사는 일이다.
* 하늘이 무너질까 봐 걱정하는 동안, 오늘은 허무하게 지나간다.
  아직 오지 않은 비를 걱정하면 오늘의 아름다움을 보지 못한다.
* 걱정은 문제를 해결하지 못하고, 마음을 먼저 무너뜨린다.
* 결과를 알 수 없는 세상에서, 어떤 사람은 희망을 기다리고 어떤 사람은 미리 무너진다.

두 아들의 비유

"너희는 어떻게 생각하느냐? 어떤 사람에게 아들이 둘 있었는데, 맏아들에게 가서 '얘야, 너 오늘 포도밭에 가서 일하여라' 하고 일렀다. 그는 '싫습니다' 하고 대답하였지만, 나중에 생각을 바꾸어 일하러 갔다. 아버지는 또 다른 아들에게 가서 같은 말을 하였다. 그는 '가겠습니다, 아버지!' 하고 대답하였지만 가지는 않았다. 이 둘 가운데 누가 아버지의 뜻을 실천하였느냐?"

그들이 "맏아들입니다" 하고 대답하자, 예수님께서 그들에게 말씀하셨다. "내가 진실로 너희에게 말한다. 세리와 창녀들이 너희보다 먼저 하느님의 나라에 들어간다. 사실 요한이 너희에게 와서 의로운 길을 가르칠 때, 너희는 그를 믿지 않았지만 세리와 창녀들은 그를 믿었다. 너희는 그것을 보고도 생각을 바꾸지 않고 끝내 그를 믿지 않았다."

마태오 복음 21,28-32

길라잡이

1. 맏아들은 왜 처음에 거절했을까?

2. 맏아들이 마음을 바꾸게 된 계기는 무엇일까?

3. 둘째 아들은 왜 말과 다른 선택을 했을까?

4. 처음에 거절했다가 행동한 사람과 말로는 순종했지만 행동하지 않은 사람 중 누가 더 옳다고 생각하나?

5. '늦은 순종'은 언제 용기가 될까?

디딤돌

1. 말과 행동 나누기

최근 내가 한 약속 하나를 적고, 실제로 행동한 부분과 하지 못한 부분을 나누어 보자.

2. 돌이키는 연습

지금이라도 하지 못한 부분을 할 수 있는 선택이 있는가? 있다면, 가장 작은 행동 하나를 정해 본다.

3. 침묵의 약속

행동할 수 없는 일에는 말하지 않기로 하루 실천해 본다.

※ 이 비유는 실수한 사람을 정죄하지 않는다. 대신 돌이킨 사람을 높인다. '처음 생각'보다 '바뀐 선택'을 중요하게 다룬다.

'생각의 오류'에서 '선택의 책임'으로 전환하는 장으로 책 전체에서 회개와 실천의 기준점 역할 담당한다. 학생에게는 선택의 기준을, 어른에게는 회개의 의미를 다시 묻게 한다.

보라는 '알고 있다'에서 멈추지 않고, 무엇을 할 것인가를 묻는다.

통찰 긴 여운

* 말은 쉽게 할 수 있지만, 행동은 마음이 바뀌었을 때만 나온다.

* 말은 선택이지만, 행동은 책임이다. 틀린 말보다 무서운 것은, 바뀌지 않는 선택이다. 진짜 변화는 말이 아니라 행동에서 드러난다.

매미와 사마귀 그리고 까치

장자가 숲길을 거닐고 있었다. 그때 갑자기 커다란 그림자가 스쳤다.

"뭐지?"

엄청나게 큰 날개와 번뜩이는 눈을 가진 까치가 장자의 이마를 스치듯 날아 밤나무 숲 가지 위에 내려앉았다. 장자는 발걸음을 재촉해 숲속으로 들어가 활을 들어 까치를 겨누었다.

그때, 나무 아래에서 매미 한 마리가 울고 있었다. 세상의 모든 소리를 잊은 듯 오직 울음에만 빠져 있었다. 그 매미를 노리는 사마귀 한 마리가 잎 뒤에 몸을 숨긴 채 앞발을 치켜들고 있었다.

사마귀는 매미만 보고 있었다. 까치가 머리 위에서 자신을 노리고 있다는 것도 모른 채. 까치 또한 사마귀를 바라보며 먹이를 생각하느라, 자신이 활에 겨눠지고 있다는 것을 잊고 있었다. 그 모습을 한눈에 본 장자는 순간 몸이 굳어졌다.

그런데 장자는 그 모두를 보고 있었다. 그리고 문득 깨달았다.

'아하, 모두가 누군가를 노리느라 자기 뒤를 보지 못하고 있구나. 만물은 본디 서로 해를 끼치고, 이로움과 해로움은 언제나 함께 붙어 있구나!' '나 또한 까치와 다르지 않았겠지?' 장자는 활을 내려놓고 조용히 숲을 빠져나왔다.

그는 뒤돌아보며 스스로에게 말했다.

"자신을 잊고 눈앞의 이익에만 빠지면, 재앙은 이미 뒤에 와 있다."

매미는 울었고, 사마귀는 노렸으며, 까치는 덮치려 했다. 그리고 장자는 그 고리를 끊고 돌아섰다.

『장자』 산목 편

길라잡이

1. 매미, 사마귀, 까치는 각각 무엇에만 집중하고 있었나?

2. 장자는 까치를 쉽게 잡을 수 있는데 왜 활을 내려놓았을까?

3. '보고 있음'과 '집중함'은 무엇이 다를까?

4. 장자는 왜 "나 또한 다르지 않았다"라고 말했을까?

5. 만약 장자가 활을 쏘았다면, 이 이야기는 무엇을 잃었을까?

6. 멈추는 용기는 왜 가장 어려운 지혜일까?

7. 목표, 경쟁, 성과에 몰두하느라 뒤를 보지 못한 경험이 있나?

디딤돌

1. 연결 고리 그리기

매미 → 사마귀 → 까치 → 장자

각 개체가 보고 있던 것, 보지 못한 것을 구분해서 적어 보자.

2. 나의 '활' 내려놓기

지금 내가 지나치게 집중하고 있는 것은 무엇인가?

(관계, 성적, 성과, 인정, 외모, 나 자신…….)

하나를 골라 그 이유를 짧게 써 보자.

3. 연결 읽기

매미와 사마귀 그리고 까치, 장자로 이어지는 연결: 멈춤의 지혜.

다른 연결을 찾아 적어 보자.

※ 이 이야기는 욕망에서 한발 물러나 '자기 자신을 보는 순간'을 찾게 한다. '무엇을 할 것인가'보다 '내가 어떤 상태인가'를 묻게 한다. 처음에는 모두 바빴다. 울고, 노리고, 덮치느라 아무도 주위를 돌아볼 틈이 없었다. 매미는 울음에 취해 있었고 사마귀는 먹이에 사로잡혀 있었으며, 까치는 사마귀를 덮칠 생각에 눈이 멀어 있었다.

그 고리를 한눈에 본 사람은 오직 장자뿐이었다. 그리고 그는 깨달았다. '나 또한 다르지 않았겠지.'

그래서 그는 쏘지 않았다. 쏠 수 있었지만, 멈추었다. 그 순간 사냥 이야기가 아니라 깨어 있음의 이야기가 된다.

(통찰 긴 여운)

* 앞만 보는 눈은 날카롭지만, 멈추어 돌아보는 눈은 지혜롭다.

* 이 이야기는 말한다. 욕망에 몰두하는 순간, 이미 또 다른 화살이 우리 뒤에서 날아오고 있다고.

* 깨달음은 더 많이 보는 것이 아니라, 멈추어 자신을 보는 데서 시작된다.
* 앞만 볼 때는 빨라 보이지만, 그때가 가장 위험하다. 보라는 멈출 수 있는
  용기를 가르치는 색이다.

장님이 코끼리를 만진다(맹인모상)

왜 우리는 서로 옳다고 싸우는가

어느 날, 인도의 한 왕이 신하들과 함께 '진리란 무엇인가'에 대해 이야기를 나누고 있었다. 왕이 잠시 생각하더니 말했다.

"말로만 진리를 논하니 답답하구나. 코끼리 한 마리를 데려오라."

잠시 후, 커다란 코끼리가 뜰에 들어왔다.

왕은 다시 명령했다. "이번엔 장님 여섯을 데려오너라."

장님들이 불려 오자 왕이 말했다. "각자 손으로 코끼리를 만져 보고, 자신이 아는 코끼리가 어떤 것인지 말해 보아라."

먼저 상아를 만진 장님이 고개를 끄덕이며 말했다.

"폐하, 코끼리는 무처럼 길고 단단한 동물입니다."

그러자 귀를 만진 장님이 고개를 저었다.

"아닙니다, 폐하. 코끼리는 곡식을 까불 때 쓰는 키처럼 넓고 얇은 동물입니다."

그때 다리를 붙잡고 있던 장님이 크게 외쳤다.

"두 분 다 틀렸습니다! 코끼리는 커다란 절굿공이처럼 우뚝한 동물입니다."

등을 만진 장님이 나섰다.

"무슨 소리입니까? 코끼리는 평상처럼 넓고 단단합니다."

배를 만진 장님도 질 수 없다는 듯 말했다.

"아닙니다. 제 손에 느껴지기엔 장독처럼 둥글고 커다란 동물입니다."

마지막으로 꼬리를 잡은 장님이 소리쳤다.

"여러분 모두 잘못 보셨습니다. 코끼리는 굵은 밧줄 같은 동물입니다!"

장님들은 서로 자기 말이 옳다며 목소리를 높이고 다투기 시작했다. 왕은 잠시 그 모습을 지켜보다가 조용히 말했다.

"그만들 하라."

장님들이 물러가자, 왕이 신하들에게 물었다. "누가 틀렸다고 할 수 있겠느냐?"

신하들은 선뜻 대답하지 못했다. 왕이 다시 말했다.

"저들은 모두 코끼리를 만졌다. 그러나 코끼리 전체를 만진 이는 아무도 없었다. 저들은 저마다 만진 한 부분만으로 코끼리의 전부를 안다고 우기고 있구나."

왕은 천천히 말을 이었다. "사람은 자기가 만진 만큼만 알고, 아는 만큼이 전부라 여기기 쉽다."

왕은 잠시 말을 멈춘 뒤 덧붙였다.

"진리도 이와 같으니라. 부분에 집착하면 전체를 잃고, 자기 생각만 옳다 하면 참된 이치를 보지 못하게 된다."

『열반경』

길라잡이

1. 장님들은 왜 서로 다투게 되었나?

2. 왕이 말한 '코끼리는 하나'라는 말의 뜻은 무엇인가?

3. 장님들의 말은 모두 틀린 걸까 아니면 모두 맞을까? 부분만 알 때 왜 확신이 강해질까?

4. '내가 맞다'는 생각은 언제 오류가 될까? 전체를 보려면 어떤 태도가 필요할까?

5. SNS나 학교생활에서 '내 말만 맞다'는 태도는 어떻게 나타나나?

디딤돌

1. '부분'과 '전체' 나누기

다음 문장을 읽고 '부분'과 '전체'를 분류해 보자.

내가 겪어 봤으니까 다 알아. (　　)

저 친구 입장도 한번 들어 보자. (　　)

이 방법이 항상 맞아. (　　)

상황에 따라 다를 수도 있어. (　　)

2. 나의 '코끼리' 돌아보기

최근 확신했던 생각 하나를 적어 보자. 그 생각은 전체를 본 것인가 아니면 부분을 가지고 전체라고 본 것이었는가?

나는 지금 무엇을 놓치고 있을까?

※ 처음에는 모두 맞는 말을 하고 있었다. 문제는, 자기 말만 맞는다고 믿고 있다는 점이다. 누군가는 상아를 만졌고, 누군가는 귀를, 또 누군가는 다리를 만졌다. 그들이 틀린 것은, 느낀 것이 아니고 느낀 것만이 전부라고 믿는 마음이다. 왕은 그 모습을 보고 누가 맞는지 판단하는 대신 이렇게 말했다. '저들은 모두 만졌다. 그러나 아무도 전체를 보지 못했다.' 이 이야기의 중심에는 코끼리가 아니라 사람의 확신이 있다.

앞 단원에서 들어올 때 멈추어 자신을 보았다면, 이제는 생각의 자리를 돌아볼 차례다. '관점'이라는 하나의 문제로 통합 이후 침묵, 성찰, 내려놓음으로 연결 전체를 보려는 태도는 삶을 덜 어리석게 만든다. '확신이 어떻게 오류가 되는가!'를 보여 주는 이야기다. 옳고 그름보다 관점의 한계를 자각하게 한다. 관점을 낮추어 전체를 보게 한다.

보라 단원은 틀린 생각을 고치는 단원이 아니다. 생각을 절대화하지 않는 법을 배우는 단원이다.

지혜가 말 → 생각 → 태도로 이동하는 전환점이다.

⬭ 통찰 긴 여운 ⬭

* 이 '맹인모상'은 아이들에게는 겸손한 사고의 출발점을, 어른에게는 확신을 내려놓는 용기를 준다.
* 틀린 것은 부분이 아니라, 부분을 전부라 믿는 마음이다.
  부분은 틀리지 않았지만, 부분을 전부로 믿는 순간 오류가 된다.
* 내가 본 것은 진리의 전부가 아니라 한 조각일 뿐이다.

화룡점정

"장승요 화백을 모셔 오너라. 절벽에 용을 그릴 사람은 그분이다." 안락사 주지가 사람들에게 말했다.

며칠 뒤, 장승요는 조용히 절에 들어섰다. 벽을 한참 바라보던 그는 말없이 붓을 들었다. 사람들이 숨을 죽였다.

"와, 살아 있는 것 같아." "금방이라도 벽을 뚫고 나올 것 같지 않나?"

구름 속에서 몸을 틀고 있는 두 마리 용. 비늘은 갑옷처럼 빛났고, 발톱은 벽을 움켜쥔 듯 날카로웠다.

"이상하네? 뭐가 빠진 것 같은데?"

사람들 가운데 누군가가 말했다. "눈이 없습니다. 용의 눈이 없어요."

주지가 장승요에게 물었다. "어찌하여 눈동자를 그리지 않으십니까?"

장승요는 붓을 내려놓고 말했다.

"용에 눈을 그려 넣으면 하늘로 날아가 버릴 것이오."

사람들이 웃었다.

"하하, 그림이 어떻게 날아갑니까?" "눈만 그리면 완성인데 왜 망설이십니까?"

"맞아요, 이제 마지막이잖아요." "어서 눈동자를 그려 주세요." 재촉이 거세졌다.

장승요는 잠시 침묵하다가, 한숨처럼 말했다. "후회하지 않겠소?" 그러고는 한 마리 용의 눈에 점 하나를 찍었다. 그 순간 '쿵!' 하고 벽이 울리고, 용이 몸을 틀더니 비늘을 번뜩이며 벽을 뚫고 솟구쳤다. 천둥 같은 소리와 함께 하늘로 날아올랐다. 사람들은 입을 다물지 못했다. 벽에는 눈 없는 용 한 마리만 남아 있었다.

　장승요가 조용히 말했다. "그래서 눈을 그리지 않으려 했소."

『수형기』

길라잡이

1. 장승요는 왜 처음에 눈을 그리지 않았나?

2. 마지막 한 점은 왜 그렇게 중요했을까?

3. 모든 일을 끝까지 하는 것이 정말 좋은 걸까?

4. '조금만 더'가 문제를 만든 경험은 없었나?

5. 나는 결과를 예측하고 멈추는가, 끝낼 줄 몰라서 더하는가?

6. 할 수 있어도 하지 말아야 할 것은 무엇이 있나?

1. '마지막 한 점' 생각해 보기

다음 상황에서, 멈추는 것이 더 지혜로운 이유는 무엇 때문인지 그 이유를 적어 보자.

말을 끝까지 다 하는 것 (   )

친구의 실수를 끝까지 지적하는 것 (   )

경쟁에서 더 몰아붙이는 것 (   )

작품을 조금 더 고치려는 순간 (   )

2. 완성과 책임 연결하기

장승요는 결과를 알았기에 멈췄다. 내가 한 말이나 행동 중 결과까지 생각해 보고 멈춘 예를 적어 보자.

3. 두 마리 용의 의미

하늘로 날아간 용

벽에 남은 눈 없는 용

두 용은 무엇을 상징할까?

(꿈, 욕심, 절제, 책임, 선택 등)

※ 앞 이야기에서 들어올 때, '관점을 알았다면, 이제는 행동의 끝을 생각할 차례다.' 이 우화는 능력의 크기가 아니라, '마무리를 아는 지혜'에 관한 이야기다. '할 수 있음'(기술)과 '해야 함'(윤리)을 구분하게 하며, 능력의 한계가 아니라, 멈춤의 때를 다룬다. 왜 마지막 한 점이 가장 위험한가? 완성은 더하는 데 있지 않고, 멈출 줄 아는 데 있다. 보라는 완성을 절제로 묶는 색이다. 책 전체에서 가장 높은 단계의 통찰을 담당한다.

통찰 긴 여운

* 가장 어려운 완성은 멈추고 여백을 두는 것이다.

* 완성은 능력이 아니라 선택이다.

* 나는 끝낼 수 있어서 멈추는가, 끝낼 줄 몰라서 더하는가?

소매가 길어야 춤 선이 곱다

장수선무 다전선고(長袖善舞 多錢善賈)

어느 날 길에서 두 나라의 신하가 마주쳤다. 한 사람은 강대한 진나라의 신하였고, 다른 한 사람은 약소국 연나라의 신하였다.

연나라 신하가 깊은 한숨을 쉬며 말했다. "아무리 좋은 계책을 내놓아도 나라가 약하니 실행조차 어렵습니다. 조금만 잘못 움직여도 모든 것이 무너집니다."

진나라 신하는 고개를 끄덕이며 대답했다.

"그대의 지혜가 부족해서가 아닙니다. 소매가 짧으면 아무리 춤을 잘 추어도 춤 선이 살아나지 않고, 밑천이 적으면 아무리 장사 수완이 좋아도 크게 벌 수 없는 법이지요."

연나라 신하가 물었다.

"그렇다면 노력과 지혜는 아무 소용이 없다는 말입니까?"

진나라 신하는 잠시 생각한 뒤 말했다. "아니요, 다만 조건과 바탕을 무시한 채, 결과만 탓해서는 안 된다는 뜻입니다. 지혜는 힘 위에서 빛나고, 계책은 토대가 있을 때 실현됩니다."

그 말을 들은 연나라 신하는 고개를 끄덕이며 말했다.

"결국 춤을 잘 추려면 먼저 소매 긴 옷을 준비해야 하고, 장사를 하려면 밑천부터 쌓아야 하는군요."

『한비자』오두 편

길라잡이

1. '장수선무'와 '다전선고'는 각각 무엇을 뜻하나?

2. 이야기에서 '소매'와 '밑천'은 무엇을 비유하나?

3. 연나라 신하의 고민은 왜 쉽게 해결되지 않았나?

4. 실패의 책임은 개인과 환경 중 어디에 더 있을까?

5. 조건이 부족할 때, 지혜는 어떤 역할을 할 수 있을까?

디딤돌

1. 조건과 결과 나누기

아래 상황에서 가장 필요한 노력과 조건을 나누어 적어 보자.

상황	노력	조건
시험 성적 올리기		
운동 시합 이기기		
발표수업 잘하기		

2. 탓의 방향 바꾸기

"나는 머리가 나빠서 못 했어."

→ (   )

"운이 없어서 실패했어."

→ (   )

* 바꾸고 보니 개인 비난 대신, 무엇이 보이나요?

(   )

3. 나만의 '장수선무' 선언문

내가 더 잘하기 위해 지금 먼저 준비해야 할 '소매'는 (   )이다.

※ 이 우화는 '노력의 부족'을 말하지 않는다. 노력 이전에 반드시 살펴야 할 '토대'를 묻는다. 실패를 개인 탓으로만 돌리는 사고를 멈추고, 지혜의 범위를 '나'에서 '환경'으로 확장하게 한다. 그중에서도 '왜 같은 노력에 다른 결과가 나오는가?'라는 가장 불편한 질문을 정면으로 다룬다. 그래서 능력, 의지 중심 사고에서 구조를 읽는 책임 있는 판단으로 넘어가는 핵심 고리에 놓인다.

보라 단원은 개인의 능력을 구조 속에 놓아 보게 하는 색이다. 멈추는 성찰, 전체를 보는 관점, 통합적 판단으로 나아간다.

(통찰 긴 여운)

* 춤은 소매 끝에서 아름답고, 지혜는 토대 위에서 빛난다.

* 지혜는 공중에서 혼자 빛나지 않는다. 드러나는 결과에는 보이지 않는 과정이 있다.

* 나 자신을 탓하기 전에, 내가 서 있는 자리부터 살펴본다.

물의 형태는 그릇을 따른다

공자는 이렇게 말했다.

"임금은 그릇과 같고, 백성은 물과 같다. 그릇이 네모면 물도 네모가 되고, 둥글면 물도 둥글어진다."

어느 날, 추나라 임금이 거울 앞에서 관을 쓰며 생각했다.

"관 끈이 길수록 위엄 있어 보이는구나."

그날 이후 임금은 늘 관 끈을 길게 늘어뜨리고 다녔다. 이를 본 신하들이 서로 눈치를 보며 말했다. "임금님께서 좋아하시는 게 저거라면 우리도 따라야 하지 않겠는가?"

며칠 후, 거리의 백성들까지 관 끈을 길게 늘어뜨리기 시작했다. 관 끈을 만드는 장인들은 밤늦게까지 일해야 했고, 관 끈값은 하루가 다르게 비싸졌다.

임금은 시장을 둘러보다가 그 소식을 듣고 물었다.

"왜 관 끈값이 이렇게 오른 것이냐?"

신하가 조심스럽게 대답했다.

"임금님께서 긴 관 끈을 좋아하신다는 말이 퍼졌기 때문입니다. 백성들이 임금을 따라 하다 보니 모두 관 끈을 길게 하였습니다."

임금은 잠시 생각하다가 고개를 끄덕였다.

다음 날, 임금은 관 끈을 짧게 자르고 거리로 나섰다.

"임금님 관 끈이 짧아졌네."

"그렇다면 우리도 굳이 길게 할 필요가 없겠군."

머칠이 지나자 나라 안에는 긴 관 끈을 한 사람이 하나도 남지 않았다.

아무런 명령도 벌도 없었지만, 백성들은 스스로 달라져 있었다.

『한비자』외저설

길라잡이

1. 신하들과 백성은 왜 임금의 행동을 따라 했나?

2. 말과 행동 중, 무엇이 사람을 더 바꾸나?

3. 지도자의 사소한 행동이 왜 큰 영향을 미칠까?

4. 법으로 해결했다면 어떤 결과가 나왔을까?

5. 본보기가 항상 좋은 방향으로 작용할까?

6. 나는 지금 누구에게 '그릇'이 되고 있을까?

디딤돌

1. 물과 그릇 비유 풀기

이 비유 속 그릇과 물이 사회와 학교에서 뜻하는 바를 써 보자.

2. 말 vs 행동

"이렇게 해라"라고 말하는 어른과 조용히 앞장서서 솔선수범하여 행동하는 어른 중 누가 더 큰 영향을 줄까?

그 이유를 한 문장으로 써 보자.

3. 나의 본보기 선언문

나는 다른 사람에게 (　　　　)한 모습으로 기억되고 싶다.

※ 공자는 말했다. "임금은 그릇이고, 백성은 물과 같다."

추나라 임금은 그 말의 무게를 처음엔 알지 못했다. 그저 '관 끈이 길면 조금 더 위엄 있어 보일 것'이라 생각했을 뿐이다. 그러나 임금의 취향은 곧 신하의 기준이 되었고, 신하의 기준은 백성의 유행이 되었다. 아무도 명령하지 않았지만, 모두가 따라 하고 있었다. 그제야 임금은 본인의 모습이 곧 나라의 모습이었음을 깨달았다. 문제는 백성에게 있지 않았다. 임금은 법을 만들지 않았다. 벌을 내리지도 않았다. 다만, 자신을 바꾸었다. 그러니 나라가 바뀌었다.

※ 이 우화의 핵심 통찰은 단순하다. 사람은 가르침보다 '보이는 모습'을 먼저 따른다. 말과 규칙의 한계를 넘어 '본보기'가 만드는 변화를 체감하게 한다. 지도자만의 이야기가 아니라, 누군가의 눈에 보이는 모든 사람의 이야기이기 때문에 보라 단원의 핵심 자리에 놓인다.

보라 단원은 행동이 공동체를 바꾸는 색이다. 나를 돌아보는 성찰, 구조를 이해하는 눈, 책임 있는 판단을 거쳐, 마침내 나의 모습이 타인에게 '무엇을 만들고 있는가?'라는 가장 높은 단계의 질문에 도달한다.

(통찰 긴 여운)

* 가르치려면 먼저 보여 주는 것이 좋다. 사람은 말보다 행동을 따라 배운다.
 말은 가르치지만, 행동은 세상을 바꾼다.

* 물의 형태는 그릇을 따른다, 말하지 않아도 바꾸는 힘이 있다.

* 나는 가르치고 있는가, 보여 주고 있는가. 누군가가 나를 따라도 괜찮은 그
 릇인가?

정순왕후의 지혜

지혜는 드러내지 않아도 드러난다

영조가 새 왕비를 맞이하려고 사대부 집안의 처녀들을 궁으로 불러 모았다. 모두가 방석 위에 앉았으나 한 소녀만은 홀로 방석을 비켜 앉아 있었다.

임금이 물었다. "어찌 방석에 앉지 않느냐?"

소녀는 고개를 숙여 말했다. "아버지의 이름이 그 방석에 적혀 있다 들었습니다. 어찌 감히 그 위에 앉겠습니까."

임금은 말없이 그 소녀를 바라보았다.

임금이 다시 물었다. "세상에서 가장 깊은 것은 무엇이냐?"

어떤 이는 골짜기라 했고, 어떤 이는 우물이라 했으며, 또 어떤 이는 바다라 했다.

소녀는 조용히 말했다. "사람의 마음이 가장 깊습니다."

"어찌 그러하냐?"

"골짜기와 우물과 바다는 잴 수 있으나 사람의 마음은 헤아릴 수 없기 때문입니다."

임금은 다시 물었다. "가장 좋은 꽃은 무엇이냐?"

다른 소녀들은 모란, 매화, 복사꽃이 차례로 불렀다.

소녀는 다시 말했다. "목화입니다."

"어찌하여 그러하냐?"

"다른 꽃은 잠시 눈을 즐겁게 하나 목화는 옷이 되어 천하 사람을 따뜻하게 합니다."

그때 갑자기 비가 세차게 내렸다. 임금이 물었다.

"저 월랑의 기와는 몇 장이냐?"

사람들은 고개를 들어 손가락으로 세었다. 소녀만은 고개를 숙인 채 가만히 앉아 있었다. 차례가 되자 소녀는 숫자를 말했다. 임금이 놀라 묻자, 소녀는 대답했다.

"처마 끝에서 떨어지는 빗방울 소리를 들었습니다. 기와마다 떨어지는 소리가 달랐습니다."

임금은 더 묻지 않았다. 다음 날 아침, 궁궐에 무지개가 서서 그 소녀의 세숫물에 비쳤다.

사람들은 말했다. "하늘이 덕을 알아본 것이다."

그리하여 임금은 말을 낮추고, 공을 높이며, 소리를 들을 줄 아는 그 소녀를 왕비로 삼았다.

『대동기문』

길라잡이

1. 임금의 질문에는 어떤 공통점이 있나?

2. 소녀의 대답은 다른 사람들과 무엇이 달랐나?

3. 임금은 왜 소녀의 답을 높이 평가했을까?

4. 지혜와 총명함은 어떤 점이 다른가?

5. 눈에 보이지 않는 가치를 중요하게 여긴다는 것은 무엇일까?

디딤돌

1. 질문 다시 만들기

임금의 질문 하나를 바꾸어 보자.

(예: "가장 빠른 것은 무엇이나?")

나의 질문:

이 질문은 무엇을 보려는 질문인가?

2. 보이는 것과 보이지 않는 것

이 이야기 속에서 눈에 보이는 것과 눈에 보이지 않는 것 중 어느 쪽이 더 중요하다고 생각하나? 이유는?

3. 나의 지혜 문장

나는 (   )보다 (   )을(를) 더 소중히 여기겠다.

※ 소녀는 앞에 나서지 않았다. 눈에 띄려고도 않았다. 다만, 넘지 말아야 할 것을 넘지 않았고, 말해야 할 때만 말했다. 방석 위에 앉지 않은 것은 어버이를 공경하는 예를 아는 마음이었고, 마음을 가장 깊다 한 것은 사람을 먼저 보는 눈이었으며, 목화를 가장 좋은 꽃이라 한 것은 자기보다 세상을 먼저 생각한 판단이었다. 그리고 기와의 수를 맞힌 것은 똑똑함이 아니라 몸을 낮추고 지혜로 헤아린 태도였다.

이 우화에는 예(방석), 통찰(마음), 공공성(목화), 경청(빗소리)이 들어 있다. 즉 여러 가지 무지개색의 질문이 한 사람의 태도 안에서 동시에 구현되어 나오는 장면이다. 총명함을 넘어 모든 판단을 하나로 묶는 '지혜의 태도'를 보여 준다. 지혜가 어떻게 쓰일 수 있는가를 보여 주고, '판단'이 아니라 '사람을 대하는 기준'을 제시한다. 보라는 모든 색이 사람을 향하도록 묶는 색이다. 그래서 이 이야기는 보라 단원의 마무리이자, 책 전체의 결론부에 놓인다.

통찰 긴 여운

* 지혜는 위에서 내려다보는 것이 아니라, 낮은 곳의 소리를 듣는 것이다.
* 지혜는 많이 아는 것이 아니라, 함께 살피는 힘이다. 나는 말이 빠른 사람보다, 귀가 낮은 사람이 되고 싶다.
* 지혜는 번쩍이는 답이 아니라, 사람과 세상을 함께 살피는 시선이다.

떠내려온 봉우리의 주인은 누구인가
침묵을 깨운 한마디의 힘

해마다 홍수가 지나가면 정선에서 관리들이 내려왔다.

"저기 강가에 멈춘 세 봉우리는 원래 정선의 땅에 있던 것이니 세금을 내라."

단양 사람들은 억울했지만, 고개를 숙일 뿐 거부할 수 없었다. 말 한마디라도 잘못했다가는 곤장을 맞을 수도 있었기 때문이다. 그래서 사람들은 자기 고을에도, 남의 고을에도 세금을 내며 살아야 했다.

그런데 어느 해, 관리들 앞에 한 소년이 나섰다. "올해부터는 세금을 내지 않겠습니다."

소년의 말에 사람들은 숨을 삼켰고 관리들은 얼굴을 붉혔다. 소년은 물러서지 않고 말했다. "그 봉우리들이 이곳에 온 것은 우리가 부른 것도, 빼앗은 것도 아닙니다. 홍수에 떠밀려 온 것입니다." 그리고 조용히 덧붙였다. "그렇게 소중한 땅이라면 여기 두고 세금을 받을 것이 아니라 봉우리들을 정선으로 옮겨 가서 세금을 받으셔야지요."

정선의 관리들은 할 말을 찾지 못하고 돌아갔고, 그날 이후 더 이상 세금을 걷으러 오지 않았다.

사람들은 그제야 알았다. 말하지 않으면 바뀌지 않는다는 것을, 그리고 옳게 말하면 세상이 움직인다는 것을……

그 소년은 훗날 도담삼봉을 사랑해 자신의 호를 '삼봉'이라 한 정도전이다.

핵심 키워드: 용기, 이치, 완성된 시민성

길라잡이

1. 단양 사람들은 왜 아무 말도 하지 못했나?

2. 소년의 말에서 가장 설득력 있었던 부분은 무엇인가?

3. 힘이나 폭력 대신 어떤 요소가 문제를 해결했나?

4. 침묵은 언제 필요하고, 언제 위험할까?

5. 불공평하다고 느꼈지만 말하지 못한 경험이 있나?

6. 오늘날 우리가 '이치로 말해야 할 문제'에는 무엇이 있을까?

디딤돌

1. 이치 찾기

소년의 말을 사실과 주장으로 나누어 써 보고, 관리들이 설득된 이유도 써
보자.

사실:

주장:

설득된 이유:

2. 역할 바꾸기

내가 정선의 관리였다면, 소년의 말에 뭐라고 답했을까?

3. 나의 보라 통찰 문장

"침묵하지 않고 행동하는 용기란

(   )이다."

※ 우화 묶음 책 전체 흐름 속 역할

색	통찰 핵심	역할
빨강	행동	두려움 넘기
주황	질문	기존 질서 흔들기
파랑	이성	논리로 풀기
남색	정의	불의에 맞서기
보라	통합	말할 줄 아는 시민

※ 앞 이야기에서 들어올 때 '정의가 옳다는 것을 아는 것과, 그것을 말하는 것은 다르다'를 정도전 이야기는 '성숙한 사고의 도착점' 역할을 한다.

다음 이야기로 나갈 때 '말할 수 있는 용기는 공동체를 지키는 마지막 힘이다'라는 것을 알게 될 것이다.

촉왕은 눈앞의 금을 보았고, 이항복은 숫자의 이치를 보았으며, 정도전은 옳고 그름을 보았다. 무엇을 보느냐가 한 사람의 미래를 결정한다.

※ 이 이야기는 용기만의 이야기도, 지혜만의 이야기도 아니다. 무모하게 소리치지 않았고 침묵으로 참고만 있지도 않았으며 힘이 아닌 이치와 겸손으로 말했다. 그래서 이 우화는 무지개 사고의 '완성 단계', 보라 단원에 배치된다. 이로써 보라 단원은 본보기 → 책임 → 통합된 시민성이라는 무지개 전체 통찰의 마지막 고리를 완성한다.

그리고 이렇게 묻는다. 당신은 지금 침묵하고 있는가, 아니면 올바름을 말할 준비가 되어 있는가?

(통찰 긴 여운)

* 말하지 않으면 바뀌지 않는다.

* 용기란 목소리 높이는 것이 아니라, 옳은 말을 하는 것이다.

* 지혜는 문제를 이해하게 하고, 용기는 그 문제를 세상 밖으로 꺼낸다.

* 힘에 맞서는 가장 강한 무기는, 이치에 맞는 말이다.

마음을 바꾸자, 운명이 바뀌다

뜻이 얼굴과 운명을 만든다는 이야기

아직 벼슬길에 오르기 전, 범중엄은 이름난 관상쟁이를 찾아갔다. "내가 장차 정승이 될 수 있겠소?"

관상쟁이는 그의 얼굴을 한참 들여다보더니 고개를 저었다.

"당신은 정승이 될 상은 아니오."

범중엄은 잠시 생각하다 다시 물었다.

"그렇다면 의원 노릇은 잘할 수 있겠소?"

관상쟁이는 눈썹을 치켜세우며 말했다.

"아까는 뜻이 하늘을 찌르더니, 어찌 이렇게 낮아졌소? 의원이 무슨 큰 일이라고 묻는 것이오?"

그 시절, 사람을 살리는 일보다 공무원이 더 귀하게 여겨지던 때였다. 그러자 범중엄은 흔들림 없이 말했다.

"나는 천하 백성을 구하고 싶소. 정승이 되면 권세로 백성을 살릴 수 있고, 그 길이 막힌다면 의원이 되어 병든 몸이라도 고쳐 주고 싶을 뿐이오."

그 말을 들은 관상쟁이는 천천히 고개를 끄덕였다.

"허, 그렇다면 말이 달라지오. 그대는 반드시 정승이 될 것이오."

범중엄이 놀라 이유를 묻자, 관상쟁이는 조용히 답했다.

"골상은 색상만 못하고, 색상은 심상만 못합니다. 그대는 얼굴이 아니나, 마음은 이미 정승이오."

핵심 키워드: 성숙, 마음의 방향, 인생관 제시

길라잡이

1. 범중엄의 어떤 말이 관상쟁이의 평가를 바꾸었나?

2. 범중엄의 선택에는 어떤 가치가 담겨 있나?

3. 만약 범중엄이 명예만을 원했다면 결과는 달라졌을까?

4. 내가 이루고 싶은 꿈은 누구를 위한 것인가?

5. 마음가짐이 바뀌며 행동이 달라진 경험이 있나?

디딤돌

1. 마음의 관상

범중엄의 '심상'을 한 단어로 표현해 보자.

2. 선택의 이유

장관과 의사 중 하나를 택해야 한다면, '왜' 그 선택을 하는지 써 보자.

3. 나의 보라 통찰 문장

나의 운명을 결정하는 것은 (　　　　)이다.

※앞 이야기에서 올바름을 말할 수 있는 용기에 대하여 보았고, 범중엄 이야기에서는 '사람은 무엇으로 완성되는가?'에 대하여 보게 된다.

이 우화는 성공의 조건도, 행동의 용기도, 정의의 외침도 넘어선다. '왜 그 길을 가려 하는가?'를 묻는다. '직업의 높낮이'나 '지위의 크고 작음'이 아니라, '마음의 방향'이 사람을 완성한다. 그래서 보라 단원의 마지막 이야기로 배치된다. 보라는 능력 위에 뜻을 얹는 색이다. 이로써 무지개 7색은 '지혜의 완성'에 도달한다.

통찰 긴 여운

* 관상은 타고나는 것이 아니라 생활이 쌓아 가는 것이다.

* 사람의 얼굴은 그가 품은 마음을 닮아 간다.

* 인생의 깊이는 얼굴이 아니라 마음으로 정해진다.

　나는 지금, 어떤 마음을 쌓고 있는가?

"나는 누구인가?" 내가 나비의 꿈을 꾸는가, 나비가 나의 꿈을 꾸는가

장자의 가장 조용한 질문

어느 날, 장주는 꿈을 꾸었다. 그는 나비가 되어 있었다. 팔랑팔랑. 바람을 타고 꽃 사이를 날아다녔다. 아무 걱정도, 아무 생각도 없었다. 장주라는 이름도, 사람이라는 기억도 없었다. 그저 나비일 뿐이었다.

그런데 문득, 눈을 떴다. "아, 내가 장주였구나!"

하지만 곧 의문이 들었다. "내가 장주로서 나비의 꿈을 꾸었던 것일까, 아니면 나비가 지금 장주가 되는 꿈을 꾸고 있는 것일까?"

장주는 한참 동안 말이 없었다. 그러다 조용히 고개를 들었다.

"장주와 나비는 모습은 다르지만, 느끼고 있는 '나'는 같지 않은가!"

형태는 바뀌었지만, 존재는 사라지지 않았다. 장주는 이 변화를 '물건의 변화(물화)'라 불렀다.

『장자』 제물론

지혜, 정의, 성장, 마음이라는, 그 모든 것을 바라보는 '나'의 자리로 나아간다.

길라잡이

1. 장주는 왜 자신이 사람인지, 나비인지 확신하지 못했을까?

2. 꿈속의 '나'와 깨어 있는 '나'는 같은 존재일까?

3. '변화는 있지만 주체는 변하지 않는다'라는 말은 무슨 뜻일까?

4. 우리가 당연하게 나누는 구분에는 어떤 것들이 있나?

5. '나'라는 개념은 고정되어 있을까, 변하고 있을까?

6. 만약 모든 것이 변한다면, 우리는 무엇에 집착하고 있나?

디딤돌

1. 경계 지우기

다음 것들의 절대적인 구분이 가능한가? 왜 절대적인 구분이 아닐 수 있을까?

어른 ↔ 아이, 성공 ↔ 실패, 옳음 ↔ 그름, 나 ↔ 타인

2. 나의 나비

내가 자유롭다고 느꼈던 순간은 언제였나?

3. 나의 보라 통찰 문장

내가 생각하는 자유란 (   )이다.

※ 왕과 거지의 꿈 (사유 확장 도움을 위해)

'왕은 밤마다 거지가 되는 꿈을 꾸고, 거지는 밤마다 왕이 되는 꿈을 꾼다면 누구의 삶이 더 행복한가?

장자의 관점에서 보면 이 질문에는 정답이 없다. 왜냐하면 행복은 신분이 아니라 의식의 방향에 있기 때문이다.

꿈에서 불행한 왕은 깨어 있는 동안 가진 것을 당연하게 여기지 않게 된다. 꿈에서 행복한 거지는 깨어 있는 동안 더 나은 삶을 상상할 힘을 얻는다. 중요한 것은 상태가 아니라 방향이다.

※ 이항복은 생각하는 법을 보여 주었고, 정도전은 말해야 할 이유를 보여 주었으며, 범중엄은 마음의 방향을 보여 주었다.

그리고 장자는 묻는다.

'그 모든 것을 바라보는 너는 누구인가?'

'이 꿈이 나를 어디로 움직이게 하는가?'

※ 앞선 이야기들은 모두 무언가를 선택하고, 판단하고, 행동하라고 말해 왔다. 그러나 마지막에는 그 모든 선택 이전의 질문이 남는다.

선택하는 나는 누구인가? 판단하는 나는 무엇인가?

바뀌는 것 속에서 바뀌지 않는 것은 무엇인가?

이 질문에 답을 주지 않는다. 오히려 경계를 흐린다.

책의 마지막에서 우화를 정리하지 않고 독자에게 사유를 넘겨주는 자리를 마련한다.

* 불행한 꿈은 현실을 바꾸려는 힘이 되고, 행복한 꿈은 현실을 견딜 수 있게 한다. 삶은 늘 균형을 향해 움직인다.

* 나는 하나의 모습이 아니다. 나를 가두는 경계가 사라질 때, 나는 조금 더 자유로워진다.

보라 단원 마무리

보라색 단원은 '바라보는 자리, 완성의 자리' 모든 가치가 모여 사유의 꼭대기에 놓이는 단원이다.

'가르침을 멈추는 색', 지혜를 통제하는 절제, 정의를 강요하지 않는 책임, 명령이 아닌 본보기를 보이고, 구조를 탓하지도 않고, 개인에게만 책임을 돌리지도 않는다. 마지막에는 질문만 남긴다.

이 책의 마지막 색을 보라로 둔 이유가 여기에 있다.

보라는 생각과 감정과 경험이 행동으로 응축되는 지점이다. 당신이 오늘 무엇을 붙잡고 있고, 무엇을 내려놓지 못하고 있는지 묻고 싶다. 미루는 양심은 이미 돈을 허리에 두른 사나이의 모습이다. 미루지 말고 이제, 당신의 삶을 살아갈 차례다.

■ 보라 단원의 우화 흐름

'성숙의 4단계 + 해체의 1단계' 구조

1. 완성 앞에서 멈출 줄 아는 지혜 ─ '화룡점정'

* 통찰 키워드: 완성, 절제, 책임

* 핵심 질문: "나는 끝낼 수 있어서 멈추는가, 끝낼 줄 몰라서 더하는가?"

* 단원 내 역할: 능력의 최고점에서 멈춰서 생각해 보아야 할 필요성 제시

2. 지혜의 기준은? — '정순왕후의 지혜 — 지혜는 드러내지 않아도 드러난다'

* 통찰 키워드: 덕, 경청, 사람을 살피는 지혜

* 핵심 질문: "나는 보이는 것과 보이지 않는 것 중 무엇을 듣고 있는가?"

* 단원 내 역할: 개인적 능력에서 사람을 살피는 지혜로 확장

3. 결과 뒤에 숨은 구조를 보다 — '소매가 길어야 춤 선이 곱다 — 장수선무 다 전선고'

* 통찰 키워드: 조건, 구조를 읽는 눈, 책임 있는 판단

* 핵심 질문: "나는 결과만 보고 판단하고 있지 않은가?"

* 단원 내 역할: 노력 만능주의 해체, 개인, 사회 균형 시선 확보

4. 말보다 모습이 먼저다 — '물의 형태는 그릇을 따른다'

* 통찰 키워드: 본보기, 영향력, 리더십, 책임

* 핵심 질문: "나는 지금 누구에게 어떤 모습의 그릇이 되고 있는가?"

* 단원 내 역할: 책임의 방향을 나 자신에게로 회수

5. 불의 앞에서 침묵하지 않는 말 — '떠내려온 봉우리의 주인은 누구인가 — 침묵을 깨운 한마디의 힘'

* 통찰 키워드: 정의, 이치, 말해야 할 정의 앞에 용기

* 핵심 질문: "말하지 않으면 바뀌지 않는 것은 무엇인가?"

* 단원 내 역할: 이성(파랑 단원)+정의(남색 단원) → 통합적 실천

6. 사람을 완성하는 것은 무엇인가 — '마음을 바꾸자, 운명이 바뀌다 —

뜻이 얼굴과 운명을 만든다는 이야기'

* 통찰 키워드: 마음의 방향, 뜻, 완성

* 핵심 질문: "사람은 무엇으로 완성되는가?"

* 단원 내 역할: 지위, 능력, 조건을 넘어, '마음의 방향'으로 귀결

7. 모든 경계를 놓아 버리는 질문 — '"나는 누구인가?" 내가 나비의 꿈을 꾸는

가, 나비가 나의 꿈을 꾸는가 — 장자의 가장 조용한 질문'

* 통찰 키워드: 자유, 해체, 존재의 질문

* 핵심 질문: "그 모든 것을 바라보는 나는 누구인가?"

* 단원 내 역할: 책 전체의 마무리, 정답 없는 결말, 질문만 남김

우리는 옳고 그름을 배웠고, 말해야 할 이유를 배웠으며, 멈출 줄 아는 지혜와 보여 주는 책임도 살펴보았다.

이제 남은 것은 하나다. 그 모든 판단을 하는 나는, 지금 어떤 마음으로 이 자리에 서 있으며 어떻게 살아가야 할까?

사람들은 '알았다'라고 쉽게 말하고, '그래서 지금 바꾸겠다'라고 작정하지만, 행동으로 실천하기는 어려워한다. 깨달음을 좋아하지만, 깨달음이 요구하는 책임은 지지 않으려 한다. 이제는 나의 삶이 함께 사는 삶으로 옮겨 가고, 공동체적 통찰이 우리 모두에게 완성되기를 바란다.

욕심에서 시작해서, 태도를 바꾸고 관찰하며 배우며, 함께 살아가는 법을 익힌 뒤, 다시 나 자신을 돌아보는, 이것이 이 책이 건네는 무지개의 길이다. 무지개의 길을 따라 무지개에 올라타고 세상을 보니 모든 것이 참 아름답게 보인다.

무지개 일곱 색깔 우화 묶음 책은 가르치지 않고, 설명하지 않고 질문을 남긴 채 끝낸다. 그러나 책 속의 질문을 이어서 생각하는 순간, 독자의 삶 속에서 이 책은 다시 열린다.

이 책이 답을 제공하지 않는다. 질문을 품고 살아가는 당신은, 이미 아름다운 자리에 서 있다. 무지개를 타고 세상을 보고 있다. 이 책은 여기서 끝나지만, 질문은 다시 당신의 삶 속에서 시작된다.

*통찰은 멀리 있지 않다. 생각하는 순간, 이미 당신 안에 있다.